사소한 습관이 나를 바꾼다

사소한 습관이 나를 바꾼다

인간관계와 비즈니스 성공을 위한 노하우!

김근종·박형순 지음

중앙경제평론사

머리말

    유태인들은 메모를 상당히 중요시한다. 이들은 어떤 장소에서도 중요한 것은 반드시 메모하는 습관이 몸에 배어 있다고 한다.

    이들의 메모하는 방법은 거창하게 노트를 준비하거나 별도의 메모용지가 필요 없다는 데 놀라지 않을 수 없다. 예를 들면 담배를 사고 난 뒤 담배는 케이스에 담고 담배 종이 위에 메모를 한다. 그리고 비즈니스상 중요한 날짜, 금액, 납품기일 등을 꼭 적어놓는다. 사실 비즈니스에서 이것보다 더 중요한 것은 없다.

    그래서 유태인들은 평소 메모하는 아주 사소한 습관으로 인해 그들 스스로가 '애매함을 용서하지 않는다'고 한다. 애매함이라고 하는 것은 상대방과 대화 시 대충대충 넘어가는 데서 온다. 정확한 날짜와 약속은 항상 메모해놓으면 절대 실수하지 않는다. 유태인들이 비즈니스하면서 돈을 벌고 상대방에게 신뢰를 심어주는 것 역시 이런 아주 사소한 메모 습관에서부터 나오지 않았나 생각된다.

아마 여러분도 그 유명한《안네의 일기》를 읽어보았으리라. 13세 소녀가 전쟁 중에 독일 병사의 눈을 피해 숨어 지내면서 남긴 일기가 세계적인 명작이 된 사실을 말이다. 이 역시 아주 사소한 습관이 큰 힘을 발휘한 것이다. 평소 어린 소녀가 어릴 적부터 메모하는 습관을 갖지 않았다면 결코 실천하기 어려운 일이다.

낡은 습관을 버리고 새로운 습관을 익히는 것은 생각만큼 쉬운 일은 아니다. 그러나 자신의 노력과 열정에 따라 새로운 습관을 얼마든지 받아들일 수 있다. 물론 새로운 습관을 받아들이는 것은 때로는 엄청난 노력이 필요하다.

처음 새로운 습관을 하나 선택해서 결심을 하고 새로운 습관을 받아들인 자신의 모습을 상상해 본 적은 있는가. 아마 여러분은 새로운 습관을 받아들이지 못하고 실패한 경우가 더 많지 않았나 생각된다. 필자 역시 여러분과 같이 아주 사소한 습관을 고치는 데 어려움이 있었기 때문이다.

그러나 정작 습관이라고 하는 것들은 아주 큰 것을 고치는 것이 아니라 대부분 일상생활에서 익히 경험할 수 있는 아주 사소한 것들이 거의 대부분이다. 단지 우리 스스로가 무시해 버리고 방치해 버리기 때문이다.

그리고 한 가지 중요한 사실은 아주 사소한 나쁜 습관들은 고치지 않으면 계속해서 누적되어 결국은 몸에 배어 버리는 것이다. 마치 서커스단의 어린 코끼리를 어렸을 적부터 말뚝에 줄을 달아

목에 걸어놓으면 몇 년이 지나 큰 코끼리가 되어 조금만 힘을 주어 말뚝을 뽑아버릴 수 있는데도 불구하고 코끼리 스스로 '나는 이 말뚝을 뽑을 힘이 없어'라고 포기해 버리는 것과 마찬가지다.

　이 책은 김근종 교수가 평소 자신이 알고 있는 사소한 습관, 자신이 알지 못하는 사소한 습관들에 대해 재미있게 사례를 들어 설명해 놓았다. 또한 아주 큰 사업은 아니지만 제법 중소기업에서 성공한 기업인 박형순 회장이 평소 중국, 일본, 미국 등의 국적을 초월한 비즈니스 업무상에서 사람들과의 사소한 습관 등을 담아 수록하였다.
　사소한 습관은 비즈니스에서 매우 중요할 뿐만 아니라 인간관계에서도 중요하다. 확언하건대 분명 이 책을 읽고 실천한다면 매일 행복이 넘치는 인간관계는 물론 자신을 그 누구보다도 호감 가는 사람으로 변모할 수 있다고 확신한다.
　오늘 당장 이 순간부터 아주 낡은 사소한 습관들을 이 책 한 권으로 고쳐나가 보자. 그리고 시간 날 때마다 이 책을 읽어보자. 그러면 분명하건대 여러분 스스로 멋있고 매너 있는 사람으로 비춰질 것이다.

차례

2장

자신을 호감 가는 사람으로 만드는 습관

3장

생활 속에서 지켜야 할 사소한 습관

4장
나도 모르는 잘못된 습관 고치기

5장

상대방을 기분 좋게 하는 대화 습관

6장

나를 성공으로 이끄는 습관

1장

사소한 습관이
인생을 지배한다

평소의 습관 때문에 모든 문제가 발생한다.

나 자신을 존중하는 습관을 오늘부터 과감하게 실천해보자.

사소한 습관 속에서
살아가고 있다

    우리가 일상생활을 해오면서 늘 하는 것이 있다. 해가 뜨면 일어나고 세수를 하고 아침을 먹는다. 그리고 직장이 있는 사람이라면 당연히 늘 해오던 대로 차를 타고 직장으로 향한다.

    회사에서는 늘 해오던 방식대로 일을 한다. 어떤 때는 일에 따라 바쁘기도 하고 한가하기도 하다. 그러나 일 역시 늘 해오던 방식대로 주기적으로 움직인다. 근무가 끝나면 자신이 해오던 방식대로 곧장 집으로 가는 사람이 있는가 하면, 술 한잔하기 위해 다른 길로 가는 사람도 있다.

    그리고 각자 자신이 해온 방식에 대해 평가한다. "그래도 내가 사는 방식이 인생을 재미있게 사는 거지. 박 대리 그 사람은 왜 그래? 일이 끝나면 술도 한잔 하고, 동료들과 어울려 노래방에도 가고 하는 것이 인생을 제대로 사는 것 아니야. 그저 일이 끝나면 곧장 어디로 사라지니 정말 재미없게 사는 사람이야" 하면서 나름대로 자신이 해오던 생활 패턴에 대해 스스로를 칭찬하며 위안을 삼는다. 자신은 다른 누구에 비해서 재미있게 산다고 자부한다.

그러나 박 대리 입장에서 볼 때는 김 대리가 왜 저렇게 사는지 모르겠다. 박 대리 역시 자신의 방식이 올바르다고 생각하며 살아간다.

사람이 일상생활을 벗어나 다른 습관을 갖는다는 것은 너무 어려운 일이다. 일시적으로 행동으로 옮길 수는 있어도 마음까지 움직인다는 것은 쉬운 일이 아니다.

돼지를 키워본 사람이라면 한 번쯤 겪었을 일을 얘기해보겠다. 돼지는 영리한 동물이다. 사람들이 돼지를 미련하고 밥만 많이 먹는 동물로 비유하지만 절대 그렇지 않다.

한번은 돼지에게 장난삼아 고구마를 던져주었더니 땅에 떨어지자마자 덥석 주워 먹었다. 두 번 정도 계속해서 고구마를 던져주었더니 조금 전에 먹던 방식대로 따라하면서 반복적으로 고구마를 먹었다.

그러나 이번에는 고구마를 던져주고 돼지가 고구마를 입에 물려고 하는 순간 조그마한 몽둥이로 머리를 툭 쳤다. 그랬더니 머리를 쳤음에도 불구하고 고구마를 입에 물고 도망가는 것이 아닌가.

이어 똑같은 방식으로 고구마를 던져주고 몽둥이로 머리를 치려고 하자, 이번에는 몽둥이를 드는 순간 고구마를 입에 물려고 달려드는 것이 아니라 도망가 버렸다.

돼지는 주인이 고구마를 던져주고 이내 머리를 친다는 사실을 직감적으로 알아차리고 피해버린 것이다. 몽둥이를 들었다는 것 자체가 돼지가 평상시에 고구마를 먹던 방식과는 다르다. 돼지는 그 사실을 재빨리 알아차리고 피하는 것이다.

그러나 닭의 경우를 살펴보자. 닭이 좋아하는 먹이는 옥수수다. 닭에게 돼지와 똑같은 방식으로 옥수수 먹이를 주었다. 그러자 닭은 옥수수를 먹기 위해 달려들었다. 서너 번 똑같은 방식으로 먹이를 주었다.

그러고 난 뒤 조금 전의 돼지에게 한 것과 마찬가지로 한 손에 몽둥이를 들고 옥수수 먹이를 주고는 먹으려고 할 때 머리를 툭 쳤다. 그러나 닭은 수십 번 똑같은 방식대로 돼지와 같이 해보았지만 소용이 없었다. 머리를 칠 때만 도망가고 옥수수를 주면 다시 오는 것이 아닌가.

돼지는 2~3번 정도에 알아차리고 재빨리 자신이 먹던 방식을 수정했는데, 닭은 계속해서 늘 해오던 방식대로 먹이를 먹었다.

우리는 일상생활을 하면서 자신의 방식대로 습관이 몸에 배어 있다. 문제는 그 습관을 쉽게 바꾸지 못한다는 것이다. 외부의 충격과 환경의 변화에도 불구하고 바꾸지 못하는 사람들이 의외로 많다.

나를 존중하는 습관을 기르자

"항상 나만 힘들어", "왜 하는 일마다 실패하는 거야?", "이제는 포기해야겠어" 등 살다 보면 힘든 경우에 이런 말을 한두 번쯤 해보았거나 주변에서 들어보았을 것이다.

하지만 이런 말은 자신을 포기하는 말이나 다름없다. 자신이 스스로 존중하지 않으면 누가 존중해주겠는가. 다른 사람이 자신의 삶을 살아주는 것도 아닌데 말이다. 내 인생의 주체는 바로 '나'다. 내가 바로 인생의 주인공이다. 나머지는 모두 조연에 불과하다.

현대는 경쟁사회다. 회사원이든 학생이든 자영업자든 치열한 경쟁 속에서 살아가고 있다. 조금만 방심하면 이내 뒤처지고, 그로 인해 실망감과 좌절감에 휩싸여 결국 자기 자신을 포기하는 경우에까지 이르게 된다. 그러나 이런 포기와 좌절감이 결코 자신의 문제를 해결해주는 것은 아니다.

경쟁사회에서 어쩔 수 없이 경쟁을 하지만 항상 주변 사람과 자신을 비교하면서 살 수는 없는 일이다. 경쟁하는 사람들이 모두 1등을 할 수는 없지 않은가. 1등만이 존재한다는 극단적인 사고는 위험을 초래할 수 있으며, 정신적으로도 엄청난 스트레스를 받을 수 있다. 살다 보면 실패할 수도 있고 성공할 수도 있다. 항상 성공한 사람만 따라가다 보면 지쳐서 이내 포기하게 된다.

무엇보다도 중요한 것은 나를 지키기 위한 자기 존중감이 있어야 한다. 자기 존중감이라는 주제로 40년 이상 연구해온 나사니엘 브랜든은 그의 저서 《나를 존중하는 삶》에서 자기 존중감에 대해 이렇게 정의를 내리고 있다.

"우리 스스로가 가치 있는 존재임을 느끼고 필요한 것과 원하는 것을 주장할 자격이 있으며, 자신의 노력으로 얻은 결과를 즐길 수 있는 권리를 가지고 있다. 또 스스로 행복해질 수 있다고 믿는 것이다."

이 정의에서 보듯이 우리 스스로가 가치 있는 존재라고 느끼는 데 큰 비중을 두어야 한다. 나를 무시하면 되는 일이 없다. 사람이 살다 보면 한 번의 실패나 실수는 누구에게나 있는 것이다.

미국의 유명한 야구선수 베이브 루스는 통산 전적 714개의 홈런, 2,212타점을 올린 선수로, 미국에서는 전설적인 인물이라고 할 수 있다. 대부분의 사람들은 그의 화려한 전적만 기억할 뿐, 그의 어려운 실패와 좌절의 시기를 기억하는 사람은 거의 없다.

KFC를 창업한 커넬 샌더스는 자기가 개발한 조리 비법에 대해 미국 전 지역을 돌아다니며 자신의 조리법을 팔고 다녔다. 직접 사업을 제안한 횟수가 무려 1,008번이나 되었으니 그가 얼마나 많은 사람을 만났는지는 상상을 초월할 정도였다.

그러나 모두 거절당했다. 그는 이에 절망하지 않고 마지막으로 1,009번째 도전 끝에 드디어 자신의 조리 비법을 인정해주는 사업 파트너를 만나 드디어 성공을 거두었다. 이 당시 그의 나이는 62세였다. 그 당시로는 거의 은퇴하고 집에서 쉬어야 할 나이였다.

그는 거듭된 실패에도 불구하고 포기하지 않은 것은 자신의 가치를 스스로 인정하고 존중을 하였기에 가능한 일이다.

나를 존중하는 데도 많은 노력을 기울여야 하고 평소의 생활습관이 아주 중요하다. 언제나 '나는 안 돼'라는 부정적인 시각과 '나는 왜 이럴까?'라면서 자신을 불신하는 자세, '친구는 잘되는데 나는 왜 안 되지'라고 비교하는 행위는 모두 평소 자신을 불신하는 습관에서 비롯되었다고 할 수 있다.

그렇다면 나 자신을 존중하는 습관을 어떻게 들일 것인가? 간단하다. 자신에 대한 장단점을 과감히 받아들이는 것이다. "어디 나만 단점이 있나. 다른 사람도 단점은 있는 거야"라면서 스스로 인정하는 것이다. 그리고 "나는 할 수 있다"라고 평소 입버릇처럼 외친다.

또한 다른 사람이 나를 칭찬해주기를 기대하기보다는 나 스스로 칭찬하면 된다. "역시 나니까 그 일을 할 수 있지" 하면서 스스로 칭찬하는 것이다. 자기 자신을 칭찬하는 것보다 중요한 것은 없다. 물론 너무 자신을 칭찬하다 보면 자만에 빠지는 경우도 간혹 있기는 하지만 말이다.

그리고 남에게 도움받을 만한 것이 있으면 과감하게 부탁한다. 자존심을 생각하고 몸을 사리면 안 된다. 자존심이 너무 세다 보면 오히려 자신을 존중하는 마음자세가 경직될 수 있다. 항상 1등만 하던 학생이 2등을 했다고 자살하는 경우를 보지 않았던가.

과거 필자의 동창 중 한 사람은 고등학교 시절 60명 중 늘상 50등 안으로 들어간 적이 없었다. 그런데 어떤 일인지 한 번은 45등으로 등수가 발표나자 너무 좋아서 어쩔 줄을 몰라 밤새 잠을 잘 수 없었다고 한다. 자신에 대한 자신감이 극치에 달한 것이다.

자신이 중요한 사람이라는 것을 스스로 자신에게 깨우쳐주자. 누구도 완벽한 사람은 없다. 설사 완벽하다고 해도 그 사람이 성공한 것은 아니다.

자기를 존중하는 습관 중 무엇보다도 빼놓을 수 없는 것은 자신을 사랑하는 것이다. '이번에도 실패했네. 도대체 왜 그럴까?'라고 비통해하는 것이 아니라 '그래, 실패할 수도 있는 거야'라면서 스스로를 용서하고 자신을 추스르는 습관이 매우 중요하다.

평소의 습관 때문에 모든 문제가 발생한다. 나 자신을 존중하는 습관을 오늘부터 과감하게 실천해보자.

🎯 나 자신을 존중하는 습관 들이기

- 항상 자기 자신을 칭찬한다.
- 자신과 남을 비교하지 않는다.
- 남이 나보다 잘한다고 해서 비관하지 말자.
- 나를 존중하자.
- 평소 자신을 비하하는 말을 하지 않는다.
- 때로는 혼자만의 시간을 갖는다.

무의식 습관의 숲에서
빠져나가자

'습관'의 사전적 정의를 살펴보면 여러 가지가 있지만, 습관이라는 의미에 가장 잘 어울리는 뜻은 '일상적으로 굳어진 행동 또는 방법'이라고 할 수 있다.

일상생활을 하면서 우리는 굳어진 행동이나 방법이 너무 많다. 수십 년 동안 손톱을 깨무는 사람, 의자에 앉기만 하면 다리를 떠는 사람, 사람을 만나면 듣기보다 말이 더 많은 사람, 항상 지각하는 사람 등 우리 주변에서 발견할 수 있는 좋지 않은 습관이 너무 많다.

이러한 습관은 하루아침에 굳어진 행동이나 방법이 아니다. 이미 자신도 모른 채 수십 년을 지켜온 것이다. 우리는 습관의 숲에서 살고 있다고 해도 과언이 아니다. 그렇다면 과연 수십 년 동안의 습관을 바꾸지 못한다는 말인가. 계속해서 다리를 떨고 손톱을 깨물어야 한단 말인가.

한번 굳어진 행동은 쉽게 바꾸기가 어렵다. 그러나 조금만 노력을 기울이면 나쁜 습관을 좋은 습관으로 얼마든지 바꿀 수 있다. 문제는 습관의 숲에서 살고 있는 우리가 언제든지 숲을 빠져나올 수 있다는 생각을 하지 못한다는 것이다.

손톱을 깨무는 사람에게 왜 당신은 손톱을 깨무느냐고 물으면 거의 모든 사람들이 정확한 대답을 하지 못한다. 그냥 오랫동안 손톱을 깨물었기 때문에 자신조차 왜 그러는지 이유를 모르는 것이다. 옆사람이 지적하면 그때서야 "아이고, 깜빡했네"라며 그 자리에서 손톱 깨무는 행위를 멈춘다.

다리를 떠는 사람도 역시 마찬가지이다. 다리를 떨면 복이 달아난다고 수없이 이야기해보았자 소용이 없다. 그때뿐이니까 말이다.

분명한 것은 이러한 습관이 아주 나쁘다는 것이다. 어떻게 하면 나쁜 습관의 숲에서 벗어날 수 있을까?

정말 고민이다. 하지만 습관이라는 것이 자신도 모르게 몸에 배어 있었다면 역으로 생각해 습관을 자신도 모르게 몸에서 분리할 수도 있을 것이다. 나쁜 습관은 인간관계에도 악영향을 미친다.

개과천선改過遷善이라는 말이 있다. 자신의 과거 나쁜 버릇을 버리고 새롭게 다시 태어난다는 의미이다.

《진서晉書》의 〈본전本傳〉에 따르면 과거 진나라 때 주처라는 사람이 있었다고 한다. 그는 일찍이 부모님을 여의고 집안이 어려워지자 힘들게 살게 되면서부터 방탕생활을 하였다고 한다. 그리고 술을 마시고 마을 주민들을 괴롭혀 주민들의 입장에서 그의 얼굴만 보아도 도망갈 정도로 아주 못된 짓을 많이 하였다.

그는 자신을 보고 피하는 마을 사람들을 보고는 어느 날 문득 이렇게 살아서는 안 되겠다는 생각을 하고는 이내 마음을 고쳐먹고 책을 보기 시작하여 훗날 아주 명성이 높은 대학자가 되었다고 한다. 이런 것을 두고 개과천선을 하였다는 의미로 받아들인다.

늘상 해오던 습관을 버리고, 그것도 아주 나쁜 습관을 하루아침에 버리고 새로운 삶을 살아가는 것은 그리 쉬운 일은 아니다. 자신을 돌아보면서 무언가 당장 오늘부터라도 습관을 바꾸겠다는 결심을 해보자.

스스로 판단해서 나쁜 습관이라고 생각되는 것을 하나 고른다. 그리고 평소 주변에서 말을 많이 한다는 얘기를 들었다면 그것 역시 적는다. 적는다는 자체가 이미 나쁜 습관을 인지하고 있다는 것이므로 엄청난 효과를 발휘할 수 있다.

나쁜 습관을 갖고 있는 사람들은 대부분 본인 스스로가 제대로 인지하지 못하는 경우가 많다. 그러므로 이렇게 스스로 나쁜 습관을 적어보면 고치겠다는 의지를 다짐할 수 있다. 만약 휴대폰으로 통화하는 소리가 너무 크다는 말을 들었다면 이 역시 나쁜 습관이라고 할 수 있다.

습관은 보통 의식과 무의식이 공존한다는 사실을 명심해야 한다. 무의식이란 상대방과 통화하면서 나도 모르게 목소리가 커지는 것이다. 이때 상대방이 목소리가 크다고 하면 이내 의식으로 돌아와 목소리를 낮춘다. 이렇게 되면 이미 습관이 몸에 배어 있어 쉽게 바꿀 수 없다. 왜냐하면 과거의 경험이 존재하여 무의식의 저장 탱크에 저장해놓고 있기 때문이다.

휴대폰을 드는 순간 속으로 한 번쯤 '목소리를 낮추자'라고 다짐하고 첫마디만 "여보세요"라고 목소리를 낮추어 시작해보자. 분명한 것은 첫마디를 낮추면 이내 의식의 창고로 들어갈 수 있다. 이는 분명히 효과가 있다. 필자 역시 이 방식으로 확 바꾸었다. 휴대폰을 드는 순간 무의식에서 의식으로 전환시키는 것이다.

◎ 무의식 습관의 숲에서 빠져나오기

- 나쁜 습관이라는 것을 자신이 분명하게 인지한다.
- 자신이 가지고 있는 나쁜 습관에 대해 자주 생각한다.
- 나쁜 습관이 반복되면 상대방이 싫어한다는 것을 잊지 말자.
- "나는 나쁜 습관을 고칠 수 있다"라고 여러 번 외친다.
- 다른 사람이 자신과 똑같은 행동을 한다고 상상해보라.
- 상대방은 당신을 정상으로 보지 않을 수도 있다.

어리석음에서 벗어나는 습관

옛날 춘추시대 때의 이야기다. 한 사람이 나룻배를 이용하여 긴 강을 건너고 있었다. 그는 조상대대로 내려온 가보와도 같은 보물인 칼을 조심스럽게 몸에 지닌 채 주위에도 아랑곳하지 않고 오직 검을 조심스럽게 들고서 강을 건너고 있었다. 그런데 강 중간에 다다르자 바람이 세게 불어 몸이 흔들리는 바람에 급기야 검을 강에 빠트리고 말았다.

그 순간 그는 바로 검이 떨어진 지점을 나룻배에 표시해놓고는 이내 배가 건너편 목적지에 다다르자 얼른 강으로 뛰어들어 검을 찾기 시작했다. 왜냐하면 자신이 배에 표시한 지점이 검이 떨어진 곳이라고 판단을 했기 때문이다. 주변 사람들은 그 순간 모두 웃고 그의 어리석은 행동에 대해 어찌할 줄 몰라 했다.

그는 강바닥까지 모두 찾았으나 결국 찾지 못했다고 한다. 당연한 일이 아닌가. 왜냐하면 그 지점이 아니라 강의 중간 지점이기 때문이다. 이를 두고 고사성어에는 각주구검刻舟求劍, 즉 '배에 표시를 한 후 칼을 찾다'라는 뜻으로, 융통성이 없는 매우 답답한 사람을 일컬어 하는 말이다.

사람의 융통성이라고 하는 것은 하루아침에 바꿀 수 없다. 그렇다고 그냥 내버려둘 수는 없다. 본인 스스로가 융통성이 없다고 주변으로부터 자주 이런 말을 듣는 사람이라면 자신의 습관을 바꾸는 것에 대해 인색하지 말아야 한다.

대부분 융통성이 없는 사람들을 일컬어 '답답하다', '머리가 잘 안 돌아간다' 등의 말을 한다. 이런 유형의 사람이라면 사람들과의 관계성에 있어서도 매우 힘들다. 필자의 견해로 볼 때 융통성이 없는 사람, 머리회전이 느린 사람을 하루아침에 바꿀 수 없다. 본인 스스로가 열심히 노력하는 수밖에 없다.

이런 유형의 사람들이 자신의 습관을 바꾸는 방법은 단 한 가지다. 매사 어떤 일을 결정할 때 스스로가 '과연 나는 제대로 이 일을 하고 있는가?'라고 되묻는 습관을 들이면서 가능한 한 순간순간 지혜를 얻어낼 수 있는 책을 통해 얻는 방법이 있다. 가능한 한 평소 융통성이 없거나 자신이 생각하는 것을 다시 한 번 주변 사람들에게 자주 묻는 습관을 들이는 것이 가장 좋은 방법이다.

필자 역시 마찬가지로 어떤 일을 결정할 때는 주변 사람들에게 자주 묻는다. 그러면 의외로 많은 해답을 찾아낼 수 있다.

1장

건강을 관리하는 습관을 들이자

아무리 많은 재산을 가지고 있더라도 건강을 잃으면 모든 것을 잃어버리게 된다. 건강만큼 중요한 것은 이 세상에 아무것도 없다. 지금 젊다고 술을 마음껏 마시고 먹고 싶은 것 이것저것 안 가리고 닥치는 대로 먹다 보면 나중에 나이 들어 크게 고생한다는 사실을 명심해야 한다.

요즘은 신세대들도 배우자를 선택하는 데 건강을 필수조건으로 생각한다. 그래서 결혼 전에 서로의 건강진단서를 첨부하여 확인한다.

건강이라는 것은 자신이 관리하기에 따라서 얼마든지 유지할 수 있다. 처음부터 건강하게 태어난 사람도 관리를 잘하지 못하면 이내 몸이 망가지는 것을 수없이 보아왔기 때문이다.

미국의 유명한 루스벨트 대통령은 어렸을 때 병을 달고 다닐 정도로 허약한 꼬마였다고 한다. 실제로 그는 아주 약한 소년이었다. 그러나 루스벨트는 매일 연습과 훈련으로 자신의 허약한 몸을 단련하여, 어른이 되어서는 건강하고 체력이 단단한 몸으로 바뀌었다고 한다. 그가 이렇게 바뀌게 된 것은 자신에 대해 완벽하게 통제할 수 있는 노력과 반복적인 훈련의 결과라고 회고하고 있다.

그는 대통령 집무를 보면서도 매일 오후에는 2~3시간 정도 운동을 했으며, 승마를 비롯하여 힘든 운동도 마다하지 않았다고 한다. 그는 시간낭비를 무척 싫어하여 시간만 나면 책을 보거나 친구에게 편지를 쓰는 것도 좋아했다고 한다.

한번은 루스벨트 대통령을 야구경기에 초대하기 위해 초대장을 보낸 적이 있는데 그는 경기장에 가지 않았다고 한다. 그 이유에 대해 물으니 그는 "내가 직접 야구를 하는 것도 아니고 몇 시간 동안 운동도 하지 않은 채 다른 사람이 야구하는 것을 지켜볼 필요가 있느냐?"고 반문했다고 한다.

그만큼 그는 행동으로 자신이 직접 참여하는 것을 좋아했다. 그는 미국 역사상 최연소 대통령, 노벨평화상 수상, 또한 한 번에 쉬지 않고 8,513회라는 어마어마한 악수를 하여 악수 분야 세계 대기록을 세우기도 했다. 이 외에도 그는 수많은 업적을 남겼다.

아침에 일찍 일어나고 남보다 책을 더 많이 읽고 매일 일정 시간 걷거나 뛰는 연습을 하는 것 자체가 당신에 대해 투자하는 것이다. 운동은 하기 싫다고 안 해도 되는 것이 아니다. 앞으로는 비만 인구가 점차 늘어날 것이다.

에베레스트산 정상을 세계 최초로 등정한 뉴질랜드의 힐러리 경Sir Edmund Hillary에게 사람들이 "사람의 목숨까지도 빼앗아갈 수 있는 그 높고 험준한 에베레스트산 정상을 어떻게 정복할 수 있었습니까?"라고 묻자 그의 대답은 간단했다.

"나는 산 정상을 정복한 것이 아니라 나 자신을 정복한 것입니다."

마찬가지이다. 건강이라는 것도 자신과의 싸움에서 이기기 위한 것이지, 남을 위해 건강을 유지하라는 것이 아니다. 건강을 유지하기 위해서는 습관처럼 매일 움직여야 한다. 그리고 건강에 좋은 운동을 습관처럼 매일 해야 한다.

🎯 건강을 유지하는 습관 따라하기

- 매일 일찍 일어난다.
- 주말마다 등산한다.
- 가능한 한 운동과 관련된 클럽에 가입한다.
- 일주일 간격으로 몸무게를 재어본다.
- 집 주변의 공터를 걷거나 가볍게 조깅한다.
- 반드시 1년에 한 번 정기검진을 받는다.
- 자신의 몸매를 거울에 비춰보며 헬스를 한다.
- 가끔 피부 마사지도 받아본다.

고지식한 습관을 버리자

    사람들과의 인간관계를 해나가면서 가장 힘든 사람이라고 하면 아마도 고지식한 사람을 상대하는 것만큼 어려운 일은 없다. 만약 당신 스스로가 고지식한 사람이라는 말을 자주 들었다면 가능한 한 고지식한 습관으로부터 탈피하려는 노력이 필요하다.

    물론 상황에 따라서 고지식하다는 말을 듣는 것은 매우 적절할 수도 있다. 왜냐하면 일에 따라서 고지식하지 않으면 안 되는 일도 있기 때문이다. 그러나 모든 상황에서 고지식하다는 말을 듣는 사람치고 좋은 인간관계를 유지하는 사람은 그리 많지 않다.

    《한비자韓非子》의 〈오두편五蠹篇〉에 나오는 고사성어 중에 수주대토守株待兎라는 말이 있다.

    춘추시대 송나라 때의 이야기인데 한 농부가 하루는 밭에 나가 일을 하고 있었다. 그때 한쪽 끝에서 갑자기 토끼가 튀어나오더니 다른 쪽 방향으로 쏜살같이 뛰다가 그만 모퉁이에 있는 나무 그루터기에 부딪쳐 죽고 말았다. 농부의 입장에서 보았을 때는 아무힘 들이지 않고 산토끼를 그냥 잡은 것이다. 그는 아주 큰 횡재는 아니지만 노력 없이 산토끼를 잡은 것에 대해 몹시 기뻐하였다.

다음날 그는 밭일은 안 하고 어제와 같은 일이 또 발생하지 않을까 싶어 한쪽 끄트머리에 앉아 토끼가 나오기를 기다렸다. 하루, 이틀, 계속해서 기다려도 토끼는 두 번 다시 나타나지 않았다. 며칠이 지났지만 그래도 언젠가는 토끼가 나타날 것이라는 확신을 갖고 기다렸지만 결국 토끼는 나타나지 않았다. 그러는 사이에 밭의 풀은 자라서 농사는 망치게 되었다.

물론 이 정도의 융통성이 없는 사람은 없을 것이다. 그러나 가만히 생각을 해보자. 우리 주변에는 이런 유형의 사람들을 가끔 본다. 말 그대로 습관 자체가 요행을 바라거나 한탕주의 습관에서 벗어나지 못하는 사람들이 의외로 있다.

사람은 살아가면서 지혜가 있어야 한다. 융통성이 없다면 살아가는데 큰 낭패를 당할 수 있다는 사실을 명심하자. 아주 사소한 습관 하나를 없애는 일은 쉬운 것 같지만 고치려고 노력을 하지 않으면 쉽지 않다.

3초간 멈추는 습관

'가는 말이 고와야 오는 말이 곱다'고 일단 남의 말을 정중하게 들어주는 습관을 갖는 것도 중요하다. 상대방이 한 말이 마음에 들지 않는다 해도, 말이 채 끝나기도 전에 상대방의 말을 멈추게 하는 나쁜 습관은 반드시 없애야 한다.

그 방법은 간단하다. 3초간 길게 숨을 들이마시면서 상대방의 눈을 직시하는 것이다.

또한 대부분의 사람들이 대화할 때 흔히 볼 수 있는 습관 중 하나는 마치 탁구시합을 하는 것 같다는 것이다. 즉, 공이 네트에 넘어오면 상대가 공을 받아 넘기는 받아치기 대화를 한다. 이는 권투선수가 링에서 일방적으로 상대를 제압하기 위해 계속 잽을 날리는 것과 다르지 않다.

물론 권투시합이나 탁구시합인 경우 상대를 제압하기 위해 있는 힘을 다해 공격을 가하는 것이 최선의 방법이지만, 대화란 상대방의 말을 진지하게 받아들이는 것이 중요하다. 눈은 상대방의 얼굴을 직시하면서 '당신의 말이 틀리지는 않습니다'라는 인정의 제스처를 보내며 진지하게 듣는다.

그러나 사람이 감정의 동물인 이상 자신도 억제할 수 없는 순간이 있다. 말하는 사람의 내용을 가만히 분석해보았더니 전혀 그렇지 않은데 마치 자신이 하는 이야기는 100% 옳고 내가 하는 말에는 전혀 동의하지 않는 경우가 있다. 바로 이 순간에 화가 치밀어 오르는 것이다.

그러나 제대로 대화를 하려면 절대 화를 내서는 안 된다. 억제할 수 없는 순간이라면 3초간 길게 숨을 들이마시면서 호흡을 조절할 필요가 있다. 자신이 제어할 수 없는 순간에 말을 뱉어버리면 감정에 치우쳐 실수하기 쉽다.

말이라는 것은 일단 입에서 내뱉으면 다시 주워 담을 수가 없다. 아무리 참기 힘든 상황이라도 '3초만 숨을 들이마시자'라고 속으로 다짐하면서 실제 행동으로 옮긴다.

대화를 하면서 3초를 못 참아 사람을 죽이는 경우도 있고, 상대방의 인격에 엄청난 타격을 주는 경우도 많이 있다. 문제는 이런 행동을 한 사람들 대다수가 자신의 행동에 대해 후회한다는 것이다.

🎯 3초간 숨을 들이마시며 참는 연습

- 대화하면서 참을 수 없는 상황을 가끔 상상하며 숨을 들이마신다.
- 당신이 말할 기회가 없을 것이라고 생각하지 않는다.
- 상대가 말을 많이 하면 할수록 나에게 득이 된다는 사실을 명심한다.
- 어떤 일을 결정할 때 숨을 들이마시면서 잠시 생각에 잠긴다.
- 상대의 말을 잘 들어주면 상대방도 당신의 인내심을 존경할 것이다.
- 스트레스를 받는다고 생각되면 잠시 숨을 길게 들이마신다.
- 화가 나면 마음속으로 하나, 둘, 셋까지 세어보는 습관을 들인다.

이름을 불러준다

중학교 때의 일이다. 그러니까 아주 오래전 일이다. 그러나 지금까지도 그날의 일을 생생하게 기억하고 있으니 그 사건이 나에게 얼마나 중요한지 가히 짐작하지 않겠는가.

봄소풍을 갔는데 우리 학급은 전체 인원이 60명으로 조금 많았다. 우리는 목적지에 도착해 시냇물이 흐르는 양지바른 쪽에서 쉬고 있는데, 담임 선생님이 오셔서 출석을 점검하겠다고 하셨다. 아니, 여기까지 출석부를 가지고 오셔서 출석을 점검한다니 대단하다는 생각이 들었다.

그러나 더욱 놀라운 일이 일어났다. 출석부를 보고 이름을 부르는 것이 아니라, 출석부도 없이 즉석에서 무려 60명의 이름을 한 사람도 빼놓지 않고 부르는 것이 아닌가. 그것도 중간중간 오지 않은 학생은 수첩에 적으며 이름을 부르셨다.

나는 그 당시 선생님이 출석부도 보지 않은 상태에서 60명의 이름을 부르는 것을 보고 너무 놀랐다. 세월이 많이 흘렀음에도 불구하고 지금까지 생생하게 기억하는 것을 보면 그 일이 대단했던 모양이다.

옛말에 "선비는 자신을 알아주는 사람을 위해 죽는다"라는 말이 있다. 자신을 알아주는 것보다 더한 즐거움은 없다. 물론 자신을 알아준다는 것이 단지 이름만 기억하는 것을 일컫는 말은 아니다.

그러나 상대방의 이름, 아랫사람의 이름, 처음 만난 사람의 이름을 기억하는 것은 그만큼 상대방을 생각하고 있다는 의미가 되기도 한다.

일단 처음에 명함을 주든, 상대방이 이름을 말하든 반드시 상대의 이름을 외워야겠다는 마음가짐을 가져야 한다. 사실 이름이라는 고유명사를 부름으로써 상대방에 대해 내가 관심을 가지고 있다는 표시를 전달하는 것이라고 할 수 있다.

심리적인 효과로 설명하자면 자아관여 효과가 아닌가 싶다. 자아관여 효과란 자신이 어느 정도 상대와 관련되어 있는가, 상대를 위해서 얼마만큼의 시간과 정열을 할애하고 있는가, 즉 상대방에 대해 관심을 갖는 정도를 자아관여라고 할 수 있다. 사람을 좋아하는 사람일수록 자아관여가 높아지고 자아관여가 높아지면 상대방을 좋아하게 되는 것이다.

대부분의 남성은 여성에게 우월감을 표시하기 위해 상대로부터 부탁을 받거나 뭔가를 가르쳐주는 것을 무척 좋아한다. 물론 모든 남성이 모두 그런 것은 아니지만 말이다. 이성 간에도 이런 점을 충분히 활용할 필요가 있다. 상대의 이름을 기억하고 즉석에서 부르는 것은 자아관여의 가장 기본적인 법칙이라고 할 수 있다.

파리의 에펠탑이 건립될 당시만 해도 많은 사람들이 시의 경관을 해치는 요인이라고 이구동성으로 말했다고 한다. 그러나 많은 시간이 지나면서 파리 사람들에게 에펠탑은 어느 누구도 어떤 장소에서도 볼 수 있는 건물이 되었다.

아침에 눈을 뜨면 에펠탑이 보이고 외국에서 온 많은 방문객들도 파리에 들어서면 에펠탑을 보게 되니 자연히 시민들, 관광객들에게 에펠탑은 친숙한 건물이 된 것이다. 이제 에펠탑은 파리의 상징적인 건물이 되었다. 한 해 몇 천만 명이 에펠탑을 보기 위해 찾는다고 한다. 이는 매일 보면 친숙해지는 것과 다름없다.

이름이라는 것 역시 마찬가지이다. 상대에게 관심을 갖기 위해 계속 불러보자. 그렇다고 시도 때도 없이 부르라는 것이 아니라 보이면 이름을 부르라는 것이다. "김근종 교수님, 요즘 어떠세요?"라는 말과 "교수님, 요즘 어떠세요?"라는 말의 차이는 엄청난 결과를 가져올 수도 있다. 상대를 배려하는 입장에서 말이다.

상대방의 이름을 외우고 부르는 것이 어려운 일은 아니지만 꾸준한 노력이 필요하다.

🎯 상대방의 이름을 빨리 외우는 습관 들이기

- 상대의 명함을 받자마자 이름부터 본다.
- 상대와 이야기하면서 이름과 성을 다시 한 번 반복하여 속으로 외운다.
- 이름이 외우기 힘들면 다른 것과 연상하여 외운다(이름이 한송이인 경우 두 송이로 외운다. 김태우 하면 노태우 하고 외운다).
- 항상 메모지에 이름을 적어놓는다.
- 가끔 메모지에 있는 이름을 한 번쯤 읽어본다.
- 관심이 있는 사람은 반드시 이름을 외운다.
- 만난 다음날 이름을 넣어 문자 메시지를 보낸다.
- 상대의 이름을 부르면서 자신은 이름을 잘 기억하는 사람이라고 넌지시 말한다.
- 시간이 나는 대로 평소 만난 사람의 이름을 백지에 적어본다.

와각지쟁(蝸角之爭)

와각지쟁은 《장자莊子》의 〈칙양편則陽篇〉에 나오는 말로, 아주 사소한 일로 싸우거나 말다툼을 하는 것을 일컬어 하는 말이다.

우리는 사람들이 심하게 싸우는 것을 종종 본다. 그러나 정작 싸움이 끝나서 그 원인이 무엇인지를 알아보면 아주 하찮은 일로 싸움을 해서 나중에는 살인까지 벌이는 일을 종종 본다.

전국시대에는 중국 전역에서 땅을 차지하기 위해 앞다투어 상대방을 죽이고 영토를 차지하느라 매일 전쟁의 연속이었다. 이때 제나라가 위나라와의 약속을 깨고 전쟁을 하려 했다. 물론 아주 하찮은 것으로 인해 약속을 깨고 전쟁을 하려고 한 것이다.

그러자 위나라의 혜왕은 그 당시 유명한 현자인 대진인에게 이에 대한 해답을 구하고자 묻자, 그는 다음과 같은 이야기를 통해 설득시키고자 했다.

"옛날 달팽이의 왼쪽 촉수 위에 촉씨라는 나라가 있었고, 그 반대인 오른쪽 촉수 위에는 만씨라는 나라가 있었다고 합니다. 이들 양 진영은 보다 영토를 더 많이 차지하기 위해 전쟁을 벌려 수많은 사람들을 죽이고 나서야 전쟁을 마쳤다고 합니다"라고 하자, 위나라의 혜왕은 "그런 헛소리가 어디 있느냐?"고 나무랐다고 한다.

그러자 대진인은 자신의 말이 설득이 되지 않는 것을 두고 이내 다른 사례를 들어 "우주의 사방 상하의 끝이 있다고 보십니까?"라고 묻자, 혜왕이 답변하기를 "당연히 없겠지"라고 했다.

그러자 대진인이 "우주는 끝이 없고 넓고 넓은데 우리가 살고 있는 지구의 나라에 경계 따위가 있다고 보십니까?"라고 묻자, 혜왕이 답변하기를 "허기야 경계 따위를 논한다는 것 자체가 아무 의미가 없는 것이지"라고 하였다고 한다.

그러자 대진인이 말하기를 "이 세상은 너무도 넓습니다. 이 넓은 우주 속에 우리는 아주 작은 것에 불과한데 왜 이리 서로가 싸우는지 모르겠습니다"라고 하자, 이내 혜왕은 전쟁을 중지하고 그를 향해 "당신이야말로 성인이요"라고 하였다고 한다.

사람이 살다 보면 아주 하찮은 일이 한두 가지가 아니다. 그러나 사람들은 아주 작은 일에 매달려 심지어는 목숨까지 거는 경우도 있다. 사소한 것에 너무 신경을 쓰다 보면 나중에 더 큰일을 망칠 수 있다는 것을 알아야 한다.

1장

나에겐 분명 문제가 있다

　일상생활에서 즐거움과 행복감을 만끽하며 살기도 하지만 한편으로는 앞으로 좋지 않은 일이 발생할지도 모른다는 불안감을 느끼며 살아가기도 한다. 아무리 행복하게 사는 사람일지라도 매일 행복하고 즐거운 일만 생기는 것은 아니다. 때로는 참기 어려운 고통도 따르고 걱정, 근심, 두려움, 공포, 안절부절, 긴장, 시기 등으로 불안한 상황이 오는 경우도 있다.

　매일 행복하게 사는 사람은 설사 참기 어려운 고통이 온다 해도 슬기롭게 대처하고 즐겁게 살려는 마음가짐을 가지고 있기 때문에 마음 편해 보이는 것이다. 그리고 사람은 생각을 어떻게 하느냐에 따라 어려운 일도 쉽게 풀어나갈 수 있다.

　그러나 똑같은 상황이 닥쳤을 때 이와는 반대로 불안감을 더욱 극대화하여 안절부절못하고 스트레스로 인해 마음의 병이 생기는 것은 물론, 급기야 정신병원이나 요양원으로 가는 경우도 주변에서 흔히 목격할 수 있다.

이는 평소 살아가면서 버려야 할 습관을 그대로 간직하거나 버릴 용기가 없기 때문이다. 그러나 과감하게 버려야 할 습관은 오늘부터라도 당장 버리자.

매일 불안과 걱정에 휩싸여 있는 사람들이 공통적으로 갖고 있는 습관이 무엇인지 알아보기로 하자.

첫째는 매사를 극단적으로 생각한다. 이는 조금만 실수를 해도 자신을 탓하거나 상대방을 탓하는 논리가 아주 강하다는 것이다. "아, 그 친구가 아니었으면 지금쯤 보고서가 끝났을 텐데" 하면서 어제 저녁 술을 같이 먹은 친구를 탓하는 것이다.

이렇다 보니 일상생활을 하면서 그냥 지나치고 넘어가야 할 문제도 극단적으로 생각하여 자신을 스스로 괴롭히고 불안감에 휩싸이게 만든다.

자기에게 아주 잘 대해주던 여자친구가 어느 날 갑자기 싫은 소리를 한마디했다고 해서 '그래, 이제 내가 싫은 모양이네. 그렇다면 헤어지자. 다른 남자친구가 생겼나보군' 하면서 매사 극단적으로 생각한다.

이는 매우 위험한 발상이다. 이런 유형의 사람은 직장이나 가정에서 발생하는 모든 일을 극단적으로 판단하여 해결한다.

만약 당신이 이런 유형의 생활습관을 가지고 있다면 하루빨리 좋은 습관으로 바꾸어야 한다. 해결 방법은 간단하다. 무조건 문제라고 생각하는 습관을 버려야 한다. 그저 가볍게 넘어가는 습관, 때로는 단순하게 생각하고 행동하는 것도 중요하다. 극단적인 사람은 매사 너무 신중하고 고민하기 때문에 문제가 발생하는 것이다.

둘째는 지나치게 자신이 완벽하다는 것을 입증하려는 습관이다. 이런 습관이 있는 사람은 자신뿐만 아니라 상대방에게도 그런 모습을 강요한다. 그러다 상대방이 완벽하지 못한 것에 대해 신경질적인 반응을 보인다거나 굉장한 스트레스를 받는다.

예컨대 친구가 모임에 참가하지 않는다고 하면 신경질을 낸다. 사정이 있으면 참가하지 못할 수도 있는 것이다. 또한 아이들이 밖에 나갔다가 조금만 늦게 돌아와도 자신의 어린 시절과 비교하면서 다그친다.

본인은 매사 완벽하기 때문에 주변에서 자신을 탓할 사람이 없다 보니 더 문제가 된다. 그러나 사람은 때로는 조금 늦기도 하고, 상황에 따라서는 지켜야 할 것도 못 지키는 경우도 있다.

예컨대 교통위반으로 인해 "또 딱지를 떼었어!" 하며 버럭 화를 내는 남편, 그 일을 화날 때마다 수시로 말하는 남편처럼 당신도 이런 없애야 할 습관을 가지고 있는 것은 아닌지 다시 한 번 돌아볼 일이다.

반드시 없애야 할 습관

- 너무 완벽한 나머지 자신에게 모든 것을 맞추려는 습관("나는 완벽주의자다"라고 외치는 사람).
- 매사 흑백논리가 강한 습관(나와 친하지 않은 사람을 만나면 무조건 외면하는 사람).
- 사물을 보면서 항상 부정적인 생각을 먼저 하는 습관("아마도 안 될 거야"라고 쉽게 말하는 사람).
- 너무 성급하게 결정을 내리는 습관("사나이답게 빨리 결정을 내리자"고 외치는 사람).
- 생활 자체가 항상 불안하며 걱정을 하는 습관(가슴이 아픈 것을 보니 혹시 심장병이 아닌가 불안해하는 사람).

귀한 손님을 대하는 습관

사람을 대하는 자세 중 아주 중요한 것이 있다. 물론 사람을 상대할 때에는 예의와 예절을 최대한 갖추어 상대를 하는 습관을 들이면 그보다 더 중요한 것은 없다.

《한시외전韓詩外傳》에 나오는 이야기를 하나 소개하고자 한다.

주나라 무왕이 상나라를 정벌한 후 얼마 지나지 않아 죽고 난 후, 아들 송이 그 뒤를 이어 제위에 오르니 그가 바로 성왕이다. 그러나 성왕은 그 당시 나이가 어린 관계로 나라를 직접 다스릴 수 없었다. 그러자 섭정을 하게 되었는데 주공이 섭정을 하면서 나라가 평온해지고 태평성대를 이루었다.

그 후 주공은 아들 백금을 노 지방의 제후로 봉해 보내면서 다음과 같은 말을 하였다고 한다.

"손님이 찾아오거든 머리를 감다가도 얼른 뛰어나가 손님을 맞이하고, 밥을 먹다가도 손님이 찾아오면 입안에 들어있는 음식을 토해내고 손님을 맞이하여야 한다."

즉, 손님을 정성을 다해 모시라는 의미이다. 이를 두고 고사성어로는 토포악발吐哺握髮이라고 한다.

사회생활을 하면서 이런저런 유형의 사람을 만난다. 그런데 유독 사람을 상대할 때 아주 친절하게 사람을 대하는 사람을 자주는 못 보지만 가끔 보면 성심성의껏 사람을 상대하는 것에 익숙한 사람들이 있다. 아마도 이러한 것은 평소 사람을 대하는 친절한 습관이 몸에 배어 있는 사람이다. 사회생활을 하면서 어떻게 보면 가장 중요한 습관 중 하나가 아닌가 싶다.

스트레스를 해결하는 습관

스트레스라는 개념을 실험적인 분석을 통해 처음으로 도입한 사람은 캐나다 내분비 학자인 한스 셀리에Hans Selye, 1907~1982라고 한다.

그는 살아 있는 쥐를 대상으로 하여 신체적·생리적 반응을 연구한 사람이다. 그는 쥐를 공간에 가두기도 하고 피곤한 환경에 두기도 하면서 실험을 하였다. 0도에 가까운 온도, 소음공해, 장기간 격리 등으로 쥐에게 스트레스 자극을 주어 신체적 반응검사를 실시하였다.

실험 결과는 쥐의 심리적인 압박감으로 인한 스트레스가 질병을 유발하거나 현재 진행 중인 병을 더욱 악화시킬 수 있다는 것이었다. 스트레스는 신체적으로 자극이 오는 것은 물론, 더욱 심각한 것은 마음의 병이 생긴다는 것이다. 즉, 심리적으로 공황상태까지 갈 수 있다.

흥미로운 일이기도 하지만 스트레스도 종류에 따라 그 강도는 엄청난 차이를 나타낸다. 아침에 조금 늦게 일어나 회사에 빨리 출근하기 위해 도로를 질주하고 있는데, 친구에게 전화가 와서 무심코 휴대폰을 들었다. 그런데 바로 그 순간 내 차 옆을 지나던 교통경찰이 그 모습을 본 것이 아닌가. 교통경찰은 비상등을 켜면서 정지신호를 보냈다. 물론 딱지를 떼었다. 말 그대로 교통법을 위반한 것이다.

나는 이 사건으로 인해 하루 종일 스트레스를 받았다. 정말 속상하다. 하필 그 시간에 친구가 전화를 했단 말인가. 원망을 해본들 전화를 받은 내 잘못이다. 아무것도 아닌데 스트레스가 쌓이는 것이다.

스트레스는 아주 큰 것만 있는 것이 아니다. 조그마한 일도 신경을 쓰다 보면 스트레스가 된다. 그렇다면 스트레스를 해소하는 방법은 없을까? 아니, 스트레스를 받는 순간 바로 잊어버리는 방법은 없을까? 이것 또한 우리가 일상생활에서 반드시 지녀야 할 습관이다.

일찍이 토머스 홈스Thomas Holmes와 리처드 라헤Richard Rahe는 개인의 스트레스 정도를 측정하고, 각 사건마다 받는 스트레스의 강도를 표시해 순위를 매겨 공개했다.

그 순위를 보면 1위가 배우자의 사망, 2위 이혼, 3위 부부의 별거, 4위 수형기간, 5위 가족의 사망, 6위 자신의 부상 또는 질환, 7

위 결혼, 8위 해고, 9위 부부 화해, 10위 퇴직이며, 마지막으로 42위가 가벼운 법률 위반으로 나타났다.

일단 스트레스가 닥치면 무의식적으로 자신을 보호하기 위해 방어를 하게 되는데, 이를 '자기방어 기제'라고 한다. 이는 친구 사이에서 발생한 기분 나쁜 문제, 자신이 머지않아 정리해고될지도 모른다는 불안감, 현재 사귀고 있는 이성 친구가 다른 사람을 좋아할지도 모른다는 불안감 등을 스스로 억압하는 방법이다.

물론 이 방법도 그다지 좋은 방법이라고는 할 수 없다. 왜냐하면 자신을 너무 억누르고 억압하다 보면 오히려 마음의 병이 생길 수도 있기 때문이다.

그러나 스트레스를 받았을 때 즉석에서 반응하다 보면 더 큰 문제를 야기할 수도 있기 때문에 내면적으로 억압하는 것도 스트레스를 최소화하는 방법 중 하나이다.

다음으로는 사건 자체를 합리화시키는 것이다. 전적으로 자신이 잘못해서 자동차 사고가 났을 때도 상대방의 운전 미숙 탓으로 돌린다거나, 대학 시험에 떨어졌을 때 "공부한 것이 나오지 않았군"이라며 그 원인을 엉뚱한 곳으로 돌려 자신으로서는 어쩔 수 없는 일이었다고 합리화시키는 것이다.

스트레스를 없애는 습관 들이기

- 스트레스와 정면으로 승부한다(상사와의 갈등으로 인한 스트레스는 과감하게 상사와 정면으로 부딪쳐 스트레스의 원인을 파악하고 해결 방안을 모색한다. 인사, 업무능력, 인간관계 등).
- 스트레스는 늘 있는 것이라고 인정하는 습관을 들인다(스트레스를 인정하고 스트레스가 없는 사람은 없다고 생각하면 위안이 될 수 있다).
- 친한 친구를 만난다(아주 어려운 스트레스가 닥치면 친한 친구나 애인을 만나 의논한다).
- 스트레스를 제공한 당사자에게 솔직하게 스트레스의 원인을 설명하고 토론한다(어렵겠지만 과감하게 스트레스 제공 당사자와 담판하라).
- 자신과 타협한다(도저히 불가능하다고 생각되는 목표는 자신과 타협하여 과감히 한 단계 낮춘다).
- 명상에 잠긴다(명상보다 좋은 습관은 없다. 모든 잡념을 버린 채 혼자 조용한 곳에서 자신의 현재 스트레스를 날리자고 다짐하며 명상을 한다).

잔꾀로 남을 속이지 마라

잔꾀에 능한 사람이 있다. 특히 거래를 하는데 있어서 눈앞의 이익에 치우친 나머지 상대방을 속이거나 기분 나쁘게 하는 사람들을 종종 만난다. 물론 이런 유형의 사람들은 오래가지 못한다. 그러나 일단 잔꾀에 능한 사람들의 속성은 그런 습관을 쉽게 버리지 못한다는 것이다.

《장자莊子》의 〈제물론편濟物論篇〉에 나오는 조삼모사朝三暮四라는 고사성어가 있다.

아주 오랜 옛날 송나라의 저공이라는 사람이 집에서 원숭이를 기르고 있었다. 원숭이들의 습성을 너무도 잘 아는 저공이 하루는 원숭이들에게 "이제부터 너희들에게 아침에 밤을 3개 주고, 저녁에 밤을 4개 주겠다"고 하자, 원숭이들이 화를 벌컥 내며 소리를 질렀다.

그래서 이번에는 다시 저공이 "너희들에게 아침에 밤을 4개 주고, 저녁에 밤을 3개 주겠다"고 하였다. 그러자 원숭이들이 너무도 좋아하며 서로를 부둥켜안고 춤을 추었다고 한다.

가만히 따지고 보면 밤의 숫자는 모두 합쳐서 7개인데 단지 아침에 먼저 4개를 주는 것과 저녁에 3개를 주는 것, 즉 순서만 바꾸었을 뿐인데, 바로 눈앞의 이익만 생각하고 나중에는 생각하지 않는 것이다. 바로 이런 것에 익숙해져 있는 사람, 즉 속이거나 속아 넘어가는 사람 모두는 어떻게 보면 잔꾀를 부리는 것이나 다름없다.

사람들과의 인간관계도 역시 마찬가지다. 이런 아주 사소한 잔꾀에 익숙한 사람이라면 하루빨리 이런 나쁜 습관에서 벗어나는 생활을 하도록 노력하자.

사소한 습관이 나를 힘들게 한다

문의

저는 평범한 직장생활을 하고 있는 40대 남성입니다. 가정생활이나 직장생활 모두 잘하고 있어 주변에서 저를 부러운 눈치로 바라보는 사람들이 많습니다. 그런데 저는 얼마 전부터 아내에 대해 상당한 실망감을 갖게 되었고, 화가 날 정도로 신경이 매우 날카롭습니다. 이제는 참기 힘들 정도가 되어버렸습니다.

아내는 애들도 아닌데 욕실에 들어가서는 치약을 쓴 후 뚜껑도 닫지 않고, 옷을 걸어놓아도 항상 10벌 중 1~2벌은 옷걸이에 삐딱하게 걸어놓습니다.

저는 출근할 때나 직장에서 돌아오면 먼저 집 안을 둘러보는데 제가 생각하는 것과 아내가 생각하는 것의 차이가 너무 크기 때문에 고민이 됩니다. 아내의 입장에서는 아무것도 아닌 것 가지고 괜히 신경질을 낸다고 하고, 저는 "당신이 조금만 신경 쓰면 될 텐데 왜 정신을 차리지 않느냐"고 다투기도 합니다. 아이들이 보는 앞에서 다투는 경우도 있어 부끄럽기도 합니다.

한참 다투고 나면 후회도 되지만 이 문제로 인해 제 나름대로 스트레스가 쌓이는 것 같습니다. 남자인 제가 너무 미세한 일까지 세세하게 관심을 갖는 것인지, 아니면 아내가 잘못한 것인지 그 자체를 두고도 고민을 합니다. 그러나 저는 아내에게 문제가 있다고 생각합니다.

이러한 고민이 지속적으로 발생한다면 아주 큰일도 생기지 않을까 걱정하고 있습니다. 어떻게 하면 좋게 해결할 수 있을까요?

답글

살아가면서 피해야 할 습관도 있습니다. 그러나 우리는 무의식적으로 그냥 넘어가는 경우가 대부분입니다. 문제는 그러한 것으로 인해 고민을 한다는 것입니다. 심하면 아주 작은 문제로 이혼하는 경우도 생기고, 늘 스트레스 속에 살아가기도 합니다.

인간관계라는 것은 부부나 친구, 아니 만나는 사람 모두에게 아주 중요합니다. 질문을 한 ○○○ 님은 버려야 할 습관을 하나 갖고 계십니다. 바로 너무 완벽한 것을 추구하는 완벽주의자라는 것이지요. 좀 더 심각한 표현을 쓰자면 매사 극단적으로 생각하는 것입니다. 조금만 실수를 해도 자신을 탓하거나 상대방을 탓하는 경향이 아주 강하다는 것입니다.

예를 들면 ○○○ 님의 경우 친한 친구가 자주 연락하다가 어쩌다 전화 연락이 끊기면 우선 생각하기를 '아니, 전화를 매일 하더니 안 하는 것을 보니 무슨 문제가 있군. 전화가 안 오면 나도 할 필요는 없지'라고 생각하지는 않는지요? 왜냐하면 늘 친구가 먼저 전화를 해왔기에 반드시 그가 먼저 전화를 해야 한다는 논리가 생겨난 것이지요. 이처럼 자그마한 문제까지도 가볍게 그냥 넘어가지 못하고 평소 해온 방식에 맞추는 것입니다.

인간관계에서는 자신이 가지고 있는 습관을 상대방에게 그대로 적용시키면 문제가 발생할 수 있습니다. 사람마다 아주 오래전부터 가지고 있는 습관은 하루아침에 바꾸기가 무척 힘이 듭니다. 그 습관이 좋은 습관이든 나쁜 습관이든 말입니다.

부인의 경우도 마찬가지입니다. 남편의 입장에서 볼 때는 좋지 않은 습관이 분명하지만, 부인의 입장에서 볼 때는 사사건건 완벽을 추구하려는 남편이 멋있는 남자로 보이기보다는 사내다운 기질이 없는 신경질적인 사람으로 생각할 수도 있습니다. '무슨 남자가 옷걸이가 삐뚤어졌다고 탓하고, 신발장이 정리되지 않았다고 야단이야'라고 생각하기 쉽습니다.

먼저 남편께서는 힘들겠지만 완벽을 추구하려는 습관을 서서히 바꾸는 연습이 필요할 것 같습니다. 회사에서는 분명히 상사에게 신임받을 것이라고 확신합니다. 그러나 완벽주의는 업무를 하는 데는 아주 중요할 수 있지만, 인간관계에서는 버려야 할 습관 중 하나입니다.

부인 역시 문제가 없는 것은 아니지만 남편부터 집에 들어오면 매사 단순하게 생각하고 그냥 넘어가는 연습이 필요합니다. 무척 힘들겠지만 말입니다. 그저 지나가는 말투로 "옷 좀 잘 걸어놓아요"라고 웃으면서 말하고 넘어가십시오.

그리고 자신에 대해 '내가 지나치게 완벽주의자군'이라고 인정을 하십시오. 완벽주의는 인간관계에서 빨리 버려야 할 습관 중 하나라는 사실을 잊지 말아야 합니다.

한 사람의 습관에 모든 것을 맞추는 데서 문제가 발생합니다. 서로의 습관을 존중하면서 하나하나 고쳐나가는 연습이 중요합니다.

부인의 경우 역시 오래전부터 몸에 배어 있기 때문에 바꾸기가 쉽지 않겠지만 남편이 조금만 배려한다면 남편이 원하는 습관으로 서서히 바뀌게 될 것입니다. 남편도 마찬가지로 수십 년 동안의 습관을 그대로 아내에게 맞추려고 하면 문제가 될 수 있습니다. 서서히 바꾸되 서로 바뀌도록 노력해야 합니다.

⊙ 좋은 인간관계를 위해 반드시 알아야 할 습관

- 자신의 습관을 그대로 따라하도록 강요하지 않는다.
- 상대방의 습관도 존중할 줄 알아야 한다.
- 상대의 나쁜 습관을 바꾸기 전에 먼저 상대를 위해 희생한다.
- 좋은 습관을 가진 사람은 절대로 상대를 기분 나쁘게 하지 않는다.

1장

2장

자신을 호감 가는
사람으로
만드는 습관

꽃이 향기를 뿜으면서 벌을 불러들이듯이

나를 드러내려는 습관도 때로는 매우 중요하다.

특히 요즘 같이 나를 알리는 시대에서는 더욱이 그렇다.

좋은 이미지를 보여줘라

심리학자들에 의하면, 보통 사람을 평가할 때 그 사람의 지적인 능력과 활동보다는 첫인상에 대한 모습으로 평가한다고 한다. 이는 첫 만남에 있어 대단히 중요한 요소이다. 예컨대 상대를 평가할 때 그 남학생이 A학점을 받는 우수한 학생이라 할지라도 일단 입고 있는 옷이나 신발 등 외부에서 느껴지는 모습으로 판단하기 때문이다.

그러나 옷이나 신발 등 외모에 전혀 관심을 두지 않는 그 남학생은 자신이 왜 미팅에서 실패하는지 모른다. 나이트클럽에 가보라. 규칙이 있다. 남자는 정장을 하거나 매너를 지키지 않으면 절대 부킹이 들어오지 않는다. 설사 부킹이 들어와도 이내 상대방은 자리를 다른 곳으로 옮겨간다.

상대방과의 첫 만남에도 좋은 습관을 가지고 있어야 한다. 사람을 만나는 것이 얼마나 중요한가. 이왕 상대방을 만나기 위해 나

갔다면 상대의 호감을 살 수 있는 좋은 이미지를 가지고 있어야
한다.

'아니, 안경 색깔이 왜 저래? 조폭인가. 머리는 또 왜 저렇게 길
어? 장발족이야, 1980년대 스타일이네.'

첫인상부터 이런 모습을 보이면 안 된다. 말 한마디 건네기도
전에 상대방은 이미 자리를 뜰 생각을 할 테니 말이다. 따라서 상
대방에게 좋은 이미지를 보여주는 것은 중요하다.

◎ 첫 만남의 좋은 습관 단계별 따라하기(남성)

- 상대방이 나타나면 무조건 일어선다.
- 상대방이 앉은 다음에 앉는다.
- 웃는 얼굴로 대한다.
- 상대의 이름을 묻기 전에 자신의 이름을 먼저 밝힌다.
- 그런 다음 넌지시 상대방의 이름을 묻는다.
- 잠시 머뭇거리면서 수줍은 모습을 취한다.
- 현재 시간이 어떤 시간대인지 알고 있어야 한다(식사시간, 잠자는 시
  간, 축구 중계시간 등).
- 현재의 시간에 따라 목적을 분명히 한다(식사 권유, 술 권유, 너무 밤
  이 늦었다 등).
- 상대방에게 물을 때는 이름을 반복해서 부른다.

처음부터 멋있게 보여라

극과 극은 통한다고 아주 형편없이 이상한 옷차림을 한 사람 역시 지나가는 사람들의 주목을 받는다. 그런데 문제는 호감이다. 당연히 멋있는 옷차림과 상쾌한 얼굴에 호감을 갖게 마련이다.

사람들은 첫인상에 매우 민감한 반응을 보인다는 사실을 익히 알고 있다. 특히 사람에 대한 부정적인 이미지는 긍정적인 이미지보다 훨씬 더 오래 간다. 주위 사람들에게 좋지 않은 인식을 심어준 사람은 나쁜 이미지를 좋은 이미지로 바꾸기 위해서 엄청난 시간과 노력이 필요하다.

사람의 얼굴 생김, 옷차림, 매너 등 처음부터 호감을 줄 수 있는 인상이 중요하다는 의미이다. 그러나 내가 못생겼다고 생각하는데 어떻게 처음부터 좋은 인상을 상대에게 심어줄 수 있을까 걱정하는 사람들도 분명 있다.

얼굴만 잘생겼다고 좋은 인상을 주는 것은 아니다. '자상해 보인다', '인자해 보인다', '점잖아 보인다', '섹시해 보인다', '미련해 보인다' 등 인상은 받아들이는 사람에 따라 여러 가지로 평가하게 된다. 이 중에서 상대가 좋아하는 인상이 있는 것이다.

많은 신혼부부들이 첫날밤을 호텔에서 보내기 위해 투숙한다. 호텔에서 근무할 때 놀라운 사실을 하나 발견했다. 분명히 남자는 외모가 멋지지 않은데 신부는 영화배우 못지않은 외모에 아주 예쁜 얼굴이다.

반대의 경우도 많다. 분명히 남자는 상당히 미남이다. 그러나 신부인 여자를 보는 순간 '아니, 저럴 수가' 할 정도로 인물이 별로지만 손을 꼭 잡고 다정하게 로비를 걸어간다.

이들 역시 인물 하나만 가지고 상대방을 택하지는 않았다고 본다. 문제는 자신의 호감 정도가 어디에 있느냐 하는 것이다. 그것은 바로 첫인상에 반했기 때문에 가능한 일이다. 첫 만남에서 말투, 옷차림, 인사, 먹는 장면 등 여러 가지 좋은 인상을 심어줄 수 있다.

🎯 처음부터 좋은 인상을 상대에게 심어주는 방법

- 첫 만남은 가능한 한 좋은 장소를 택한다.
- 영화를 본다면 그날의 컨디션이나 상황에 따라 영화를 잘 선택한다.
- 상대에게 호감을 심어주었다고 판단되면 반드시 집 근처까지 바래다 준다.
- 신고 있는 신발은 매우 중요하다(신발은 항상 깨끗하게 하여 깔끔한 이미지를 심어줘야 한다).
- 남자의 의상 중요 포인트 : 넥타이 색깔.
- 여자의 의상 중요 포인트 : 전체 옷 색깔.
- 남자의 액세서리 중요 포인트 : 큰 반지는 피한다.
- 여자의 액세서리 중요 포인트 : 큰 귀걸이는 피한다.

상대방에게 호감을 주는
눈의 표정

신체 부위 중 가장 중요한 것이 있다면 눈이 아닌가 싶다. 만약 정상인에게 눈을 하루 정도 뜨지 않고 지내라고 한다면 그것보다 불편한 일은 없을 것이다. 단지 몇 시간 정도라도 답답해서 미칠 것이다. 그만큼 눈은 중요하다.

물론 눈이 사물을 보기 때문에 중요한 것은 사실이지만, 더 중요한 것은 사람들 대부분이 눈으로 상대방의 동작이나 표현을 읽는다는 점이다. 그래서 옛날부터 '눈은 마음의 창'이라고 하지 않았던가.

내가 말하고자 하는 것은 눈에 대한 표정이 중요하다는 것이다. 상대가 마음에 들면 "나는 당신에게 첫눈에 반했다"고 하지 않는가. 그만큼 눈으로 상대를 평가했다는 의미이기도 하다.

사람을 소개받아 처음 대면하는 순간 먼저 상대의 얼굴을 보면서 특히 눈을 관심 있게 본다. 그리고 자리에 앉아서 이야기를 나

눈다. 만약 상대방이 내가 말을 하는 동안 시계를 자꾸 본다면 '이제 그만 끝내시오'라는 의미로 받아들여 말하는 사람은 기분이 좋지 않다.

또한 권투선수는 링에 올라가 시합을 하기 전부터 눈을 마주보며 상대의 기를 죽이려고 한다. 상대와 싸움을 하기 전에 먼저 기선을 잡는 가장 좋은 방법이 눈이기 때문이다. 눈의 표정으로 상대를 제압하니 얼마나 눈이 중요한가.

악수를 하는 경우 눈의 위치를 잘 살펴보자. 만약 악수를 하면서 하늘을 쳐다본다거나 땅바닥을 본다면 상대를 무시하는 것이나 다름없다. 손을 잡고 상대방의 눈을 직시하면서 부드럽게 "만나서 반갑습니다"라고 말해보라. 상대방은 무척 좋아한다.

상대방과 대화를 하는 동안 눈을 직시하면서 고개만 끄덕여도 상대는 이내 흡족해한다. 윗사람으로부터 훈계를 들을 때도 마찬가지이다. "죄송합니다"라고 말하면서 약간 눈을 감아보라. 윗사람의 노기가 한층 누그러진다.

그러나 눈의 표정이 아주 특이한, 말 그대로 보기 흉한 습관을 가지고 있는 사람도 적지 않다. 상대방과 대화를 하면서 계속 눈을 깜빡거리는 사람도 있다. 그러나 문제는 이러한 습관을 본인이 모른다는 사실이다.

만약 상대방과 이야기하면서 계속 눈을 깜빡거린다면 그것보다 경박해 보이는 것은 없다. 또한 이야기하면서 계속 곁눈질을 하는 사람도 있다. 얼마나 기분 나쁜 행동인가.

물론 이런 유형의 사람들이 결코 마음이 고약하거나 정신적으로 문제가 있는 것은 아니다. 단지 자신도 모르게 이상한 습관이 몸에 배어 있는 것이다.

눈은 마음을 전달하는 도구라고 할 수 있다. 눈의 표정을 잘 조절하여 호감을 주는 사람이 되자.

⊘ 상대방에게 호감을 주지 못하는 눈의 표정

- 눈을 자주 깜빡거린다.
- 너무 진한 눈화장을 한다.
- 곁눈질을 자주 한다.
- 손으로 자주 눈을 비빈다.
- 눈에 지나치게 힘을 주어 독기 어린 표정을 한다.
- 잠 오는 눈으로 상대를 직시한다.
- 눈을 밑으로 깔면서 상대방을 본다.

철면피 습관

철면피鐵面皮는《북몽쇄언北夢瑣言》에 나오는 고사성어로, 옛날 송나라에는 왕광원이라는 사람이 살고 있었다고 한다.

그는 출세욕이 강해 자신의 출세를 위해서라면 어떤 일도 마다하지 않는 사람이었다. 요즘 말로 해석을 하자면 출세를 위해서는 물불을 안 가릴 정도로 출세욕이 강한 사람으로, 한마디로 얼굴이 아주 두꺼운 사람이다.

특히 이런 유형의 사람은 상관의 말이라면 목숨을 바쳐서라도 충성을 아끼지 않는 사람이다. 그래서 하루는 고을의 높은 관리가 그에게 일컫기를 "내가 자네를 때리고 싶은데 어떡하면 좋은가?"라고 하자, 그는 얼른 자신의 몸을 내밀어 맞았다고 한다.

그러자 이 광경을 목격한 친구가 "아니, 친구는 이런 모욕을 당하고도 아무 거리낌이 없는가?"라고 묻자, "나는 윗사람한테 잘 보이기 위해서는 무슨 일이라도 할 수 있네"라고 하는 것이 아닌가.

실로 대단한 사람임에는 틀림없다. 아무리 출세를 위해서라고 하지만 이렇게까지 한다는 것은 쉽지 않은 일이기 때문이다. 이를 두고 '철면피'라고 한다. 부끄러움을 모르고 얼굴에 철판을 깔 정도로 얼굴이 두꺼운 사람을 일컬어 말한다.

사람과의 관계에서 늘상 이런 습관이 몸에 배어 있는 사람은 쉽게 바꾸지 않는다. 과연 이런 태도가 좋은지 나쁜지는 모르겠으나 물론 이런 습관이 몸에 배어 있다는 것은 어떻게 보면 추할 수도 있다.

그러나 자신의 욕심을 채우기 위해서 이런 행동을 서슴없이 한다면 한 번쯤 고민해 보아야 할 것이다. 너무 이런 습관이 몸에 배어 있다면 그렇게 썩 좋은 습관은 아니다.

호감을 줄 수 있는 행동은
따로 있다

사람을 만나는 것보다 더 중요한 일은 없다. 그런데 사람을 만나는 것보다 더욱 중요한 것은 어떻게 상대의 호감을 사느냐이다. 상대가 나에게 호감을 가지고 있는지 아닌지를 빠르게 간파할 수 있는 능력과 센스 역시 상당히 중요하다.

H씨에 의하면 사람을 처음 만나면 첫인상으로 어떤 느낌이 오는 경우가 대부분이라고 한다. 이 단계에서 '성격이 좀 급하군', '조금 덤벙대는데'라고 속으로 생각한다고 한다. 상대방이 말하는 속도가 빠르다거나, 앉자마자 지갑에서 명함을 꺼내주었는데 엉뚱한 명함을 꺼낸다거나 하면 그것 자체로 이미 상대방을 평가하게 된다는 것이다.

이렇듯 아주 짧은 시간에 미세한 행동으로도 상대방을 평가하게 된다. 바로 이 순간 만약 여자라면 자신이 헤어졌던 남자친구가 지금의 남자와 유사한지 아닌지 비교한다고 한다.

따라서 남자는 큰 실수를 한 것이다. 여자를 만나기 전에 조금만 관심을 두고 지갑 속의 명함을 점검했어야 한다. 또한 말하는 속도를 심호흡으로 조절하면서 천천히 차근차근 말해야겠다고 생각하고 만남의 장소에 들어갔어야 한다. 첫 단계에서부터 엄청난 실수를 한 것이다.

다음 단계로 들어가면 두 사람 모두 첫 단계의 실수에 대해 너그러워지려고 한다. 남자는 약간의 실수로 생각하고 전혀 개의치 않는다. 여자측에서는 처음에는 실수를 했지만 그래도 이 사람에게 무언가 신뢰할 만한 면이 있지 않을까 생각하면서 나름대로 가설을 설정해놓고 상대를 대한다는 사실을 잊지 말아야 한다.

처음에 남자가 말을 좀 빨리 해서 성격이 급하다, 명함을 잘못 줘서 조금 덤벙댄다는 이미지를 주었지만, 그것이 모든 것을 결정하는 단서가 되는 것은 아니라는 사실을 남자는 빨리 알아차려야 한다. 여자는 이미 상대의 새로운 모습을 보기 위해 기대가 큰 가설을 설정해놓고 있기 때문이다.

남자는 이때 자신을 소개하고 상대방에 대해 몇 가지 질문을 하게 된다. 바로 이 순간 여자는 가설을 설정해놓고 질문을 할 것인지 말 것인지를 결정하게 된다. 말 그대로 상대방에게 과감하게 도전을 하는 것이다.

만약 여자가 "양복이 잘 어울리네요", "웃음이 아주 매력적이군요", "넥타이 색깔이 아주 좋은데요"라고 칭찬이 섞인 말을 아주

2장

짧은 한마디만 한다고 해도, 이미 여자는 가설의 기준을 정해놓고 그 안에 남자가 어느 정도 들어왔다고 생각하는 것이다.

바로 이 순간 남자는 용기를 갖고 적극적으로 대화를 할 필요가 있다. 냉정을 되찾고 "감사합니다"라고 짤막하게 말하고는 상대방을 향해 "입고 계신 원피스는 더 아름다운데요"라든가 "목소리가 정말 좋으시군요"라고 답례의 말을 건넨다. 이때 여자측 대답이 "별로인데요"라든가 "글쎄요"라면 빨리 뒤로 한 발 물러서서 다시 한 번 생각을 해야 한다.

이렇게 되면 상대를 간파하기 위한 질문을 다시 던져야 한다. 이 단계는 상대를 관찰하기 위한 단계라고 할 수 있다. 이때 남자가 불쑥 "취미가 참 다양하신 것 같습니다", "이 부근에 자주 오십니까?"라는 질문을 했다고 하자.

가만히 생각해보면 여자측에서는 그리 기분 좋은 질문은 아닌 것 같다. 남자가 자신의 무엇을 보고 취미가 다양하다고 생각하는지 여자는 의문을 가질 수 있다. 또한 이 부근에 자주 오느냐는 질문에 대해서는 '아니, 내가 여러 사람을 만나고 다니는 걸로 보이나봐'라는 오해를 할 소지가 있다.

관찰하는 단계에서의 질문은 상당히 중요하다. 바로 이 순간의 질문에 따라 상대방은 당신을 판단하고 어떤 결정을 내린다는 사실을 명심해야 한다. 왜 남자는 이런 유형의 질문을 했을까? 의문이 아닐 수 없다. 그 대답은 간단하다. 그런 유형의 질문이 자신도 모르게 몸에 배어 있기 때문이다.

질문의 유형도 습관처럼 나오게 되어 있다. 질문의 유형을 바꾸는 데도 상당한 노력이 필요하다. 상대의 기분을 거스르는 말을 하는 사람은 언제나 그와 유사한 말로 인해 많은 피해를 보게 된다.

그러므로 가능한 한 상대방의 감정을 자극하는 말은 피해야 한다. 일단 보이는 것에 대해서만 칭찬하고 질문하는 것이 좋다. 먼저 웃으면서 상황에 따라 식사를 권하거나, 만나는 장소의 분위기를 말하거나, 그 밖에 넌지시 상대의 응답을 끌어내기 위한 말이 필요하다.

따라서 이 모든 것은 바로 평소의 대화 습관에서 나온다는 사실을 꼭 명심하자.

🎯 여자에게 호감을 줄 수 있는 행동

- 생일을 반드시 기억하고 챙긴다는 말을 가끔 하라.
- 애인 사이에는 자기, 친구 사이에는 이름, 나이 차가 많은 경우 ○○○ 씨라는 호칭을 즐겨 사용하라.
- 입고 입는 옷, 화장, 안경, 신발, 머리 스타일 등을 칭찬하라.
- 상황에 따라 즉시 문자를 보내라(계절의 변화가 있을 때, 즉 비가 온다, 눈이 온다, 안개가 자욱하다, 낙엽이 지고 있다, 꽃이 아름답다 등).
- 저녁보다는 아침이나 잠자기 전에 문자를 보내라.
- 술자리에 가서는 먼저 취하지 말고 마무리 대화를 하라.
- '자기'라는 표현에 익숙해져라.
- '좋아한다, 사랑한다, 아름답다, 너무 좋은데'와 같은 용어에 익숙해져라.
- 자상한 표현에 익숙해져라(괜찮아?, 어때?, 가능해?, 좋아?, 할 수 있어?, 힘들어? 등).
- 동반자라는 느낌을 줄 수 있는 용어를 선택하라(당신, 오래 살자, 여행을 떠나자, 추억 이야기 등).
- 비교하는 말투는 삼가라(머리 스타일, 옷, 화장, 손톱, 신발, 말투 등에 대해서는 절대 비교하지 말 것).

악수 잘하는 습관

신입사원인 P씨가 회사에 출근하자마자 옆에 있던 박 과장을 보고 반가운 나머지 오른손을 불쑥 내밀어 악수를 청하면서 "과장님, 안녕하세요"라고 말했다. 그런데 이게 웬일인가. 박 과장은 P씨의 손을 잡지 않는 것이 아닌가.

P씨는 이 사건으로 인해 한 달 내내 주위 동료들로부터 "건방진 사람이군, 예의가 전혀 없어"라는 말을 듣게 되었다. 신입사원인 P씨가 상급자인 과장에게 손을 내밀어 악수를 청한 것이 큰 화근이 된 것이다.

악수는 아주 오래전부터 시작되었다. 옛날에는 낯선 사람을 길에서 만나면 서로 의심해 칼에 먼저 손이 갔다고 한다. 상대의 공격에 대비하기 위해서이다.

그러나 손을 내밀면 '나는 무기를 손에 가지고 있지 않다'라는 의미로 받아들이기 때문에 자연스럽게 서로가 손을 잡게 되었다고 한다. 이때 연결된 손바닥은 개방을 뜻하며, 서로의 손바닥이 마주 닿는 것은 서로가 하나 되어 친근감을 보여주는 행위라고 할 수 있다.

악수하는 습관도 나라마다 다르다. 미국인은 손을 힘차게 잡고 두세 번 흔들며, 독일인은 강하고 짧게 두 번 정도 흔든다. 낭만적인 프랑스인은 손에 힘을 많이 주지 않고 그냥 살짝 흔든다.

악수는 원칙적으로 오른손으로 하게 되어 있다. 옛날에는 악수를 오른손으로 하지 않고 왼손으로 하면 '나와 한판 붙자'라는 싸움의 의미로 받아들였다고 한다.

그러나 무엇보다도 중요한 것은 악수를 하는 습관이다. 일상적으로 흔히 하는 악수지만 신입사원의 경우에서 보는 바와 같이 자칫 악수로 인해 매너가 없는 사람이나 버릇없는 사람이라는 인식을 심어줄 수 있기 때문에 조심해야 한다.

자신도 모르는 나쁜 악수 습관 중 하나는 악수를 할 때 상대의 손을 너무 세게 잡는 것이다. 운동을 많이 해서 힘이 넘치더라도 절대 손을 세게 잡아서는 안 된다. 특히 여성과 악수를 할 때 오랫동안 손을 잡는 경우가 있다. 이는 자칫 상대방에게 오해를 불러일으킬 수 있다.

또 신입사원 P씨와 같이 상사에게 먼저 악수를 청하는 것은 아주 무례한 행동으로 비춰질 수 있다. 악수는 윗사람이 먼저 청하는 것이 관례이기 때문이다.

🎯 올바른 악수 습관

- 상급자가 먼저 하급자에게 손을 내밀어 악수한다.
- 남녀가 악수하는 경우에도 상급자가 먼저 악수를 청한다.
- 악수는 원칙적으로 오른손으로 한다.
- 악수할 때는 장갑을 벗고 한다.
- 아랫사람은 악수를 하면서 허리를 5도 정도 굽힌다.
- 앉아 있는 사람에게 악수를 청하는 경우에는 일어서서 악수해야 한다.
- 너무 세게 상대의 손을 잡지 않는다.
- 악수를 하면서 상대의 손을 잡고 너무 흔들지 말아야 한다.

상대에게 나를 알리는 습관

고거고타高擧高打라는 말이 있다. 이는 한마디로 스스로 재능을 드러내는 묘초라고 할까. 자신이 남과 다른 재능이 있다는 사실을 주변 사람들에게 알리는 것을 의미한다. 사실 동양권 사람들은 겸손이 미덕이라고 생각하고 자신의 재능이나 특기 또는 장점 등을 남한테 알리는 것은 매우 건방지고 자만적인 행동이라고 하여 삼가는 것이 하나의 상례가 되었다.

그러나 이제는 시대가 바뀌었다. 자신이 잘하는 것이 있다면 주변 사람들에게 알리는 것이 중요하다. 그러나 주변 사람들에게 알리는 것도 평소 이런 습관이 몸에 좀 배어 있어야 부끄럽지 않게 나를 알릴 수 있다.

'나를 너무 내세우는 것 같아 부끄러운데'라고 평소 생활습관이 너무 나를 낮추는 것에 초점이 맞추어진 사람은 절대 나를 홍보하고 알리는 것에 인색할 수밖에 없다. 사람들은 종종 자신의 능력이 부족하다고 생각하고 늘상 마음속으로만 누군가에게 알려야지 생각하고는 이내 생각을 접는다. 그러고는 한참 시간이 지나서 자신을 좀 더 적극적으로 알리지 않은 것에 대해 후회를 한다.

여러분도 잘 아는 제갈공명제갈량을 한 번 보자. 삼고초려에서와 같이 유비가 3번이나 방문해서 그를 모시려고 한 것은 그냥 이루어진 것은 아니다.

제갈량의 경우 처음부터 특출한 사람이 아니었고 어려서 부모를 모두 여의고 남동생, 그리고 두 여동생과 함께 농사를 지으면서 어려운 생활을 보냈다고 한다. 그러나 그 어려운 상황에서 난세를 극복하고자 글을 익혔다고 한다.

제갈공명은 자신을 알리기 위해 자신 스스로에 대한 포장을 아주 잘한 것으로 알려져 있다. 자신의 별호를 와룡이라고 하고 자신이 거주하던 지역의 강 이름을 와룡강이라고 칭하고 자신을 용에 비유하면서까지 과대 포장을 한 사람이라고 한다. 물론 자신에 대한 실력도 어느 정도는 갖추고 있었지만 말이다.

그러나 자신을 드러내려고 하는 평소의 습관이 없었다면 결코 그가 널리 알려지는 것은 한계가 있었을 것으로 본다.

나를 드러내는 습관도 중요하지만 주변 사람들의 입을 빌려서 나를 드러내려고 하는 습관도 매우 중요하다. 꽃이 향기를 뿜으면서 벌을 불러들이듯이 나를 드러내려는 습관도 때로는 매우 중요하다. 특히 요즘 같이 나를 알리는 시대에서는 더욱이 그렇다.

"감사합니다"라는 말을
자주 하자

인사하는 습관도 평소 익숙하지 않으면 제대로 되지 않는다. 마찬가지로 평소의 대화에 "고맙습니다"라고 말하는 습관을 들이지 않았다면 이 역시 쉬운 일이 아니다. 상대방의 자존심을 살려주고 친근감을 줄 수 있으면서 거기에 은혜를 입었다는 의미까지 가장 강력하게 전달할 수 있는 용어가 바로 '감사합니다'라는 말이다.

우리는 아침에 일어나 세수를 하고 밥을 먹고 회사에 출근한다. 물론 학교 가는 사람도 있고 자영업을 하는 사람 등 일상적인 삶의 유형은 사람마다 다르다. 그렇다면 질문을 해보기로 하겠다. 과연 당신은 하루에 몇 번 정도 '감사합니다'라는 말을 했는지 생각해보라.

만약 지금까지 생각해보지 않았다면 지금 이 순간부터 '감사합니다'라는 표현을 얼마나 많이 했는지 세어보자. 많아야 하루에 한두 번에 불과할 것이다. 거의 안 하는 사람도 많다.

물론 직업에 따라 '감사합니다'라는 표현을 많이 해야 하는 경우도 있다. 호텔 직원, 텔레마케팅 관련 직원, 판매사원, 보험회사 직원 등은 '감사합니다'라는 표현을 많이 써야 한다. 문제는 이런 유형의 직업을 가지고 있지 않은 사람은 '고맙습니다, 감사합니다'라는 용어를 거의 사용하지 않는다는 것이다.

'감사합니다'라는 표현은 고객에게만 사용하는 것이 아니다. 지난 밤 아무 탈 없이 잠을 잘 잔 나 자신도 어떻게 보면 고마운 일이고, 아침에 식사를 준비해준 아내에게도 감사해야 하며, 밥을 맛있게 먹어준 남편도 아내의 입장에서 보면 감사한 것이다.

이뿐인가. 목적지까지 태워다준 택시기사도 '감사합니다'라는 인사를 받아야 할 사람이다. 마찬가지로 택시기사 역시 자신의 택시를 이용한 고객에게 '감사합니다'라고 말해야 하지 않겠는가. 음식점에서 식사하고 계산을 하고 나올 때, 전화를 받을 때 등 모든 상황에서 '감사합니다'라는 표현이 필요하다.

"저 사람은 고마움을 모르는 사람이야"라는 말을 듣는 순간 당신은 주변으로부터 외톨이가 된다는 사실을 명심해야 한다. 오늘 하루도 '감사'하는 마음가짐으로 일을 시작하자.

🎯 '감사합니다'라는 표현에 익숙해지기 위한 습관 들이기

- 생활 속에서 가벼운 것부터 시작한다(택시를 타고 내릴 때, 음식을 먹고 계산할 때 등).
- 상대방이 먼저 "감사합니다"라고 말하면 반드시 똑같이 표현한다.
- 모든 것에 감사하다는 의미를 부여하고 표현한다.
- 내가 감사를 받아야 할 경우라도 먼저 "감사합니다"라고 말한다.
- 전화를 받고 끊을 때 '감사합니다'라는 표현을 하자.
- '감사합니다'라는 단어는 상대에게 쉽게 호감을 주는 표현임을 잊지 말자.
- '감사합니다'라는 표현은 절대 자존심 상하는 것이 아니다.

성공하는 리더의 사소한 습관

성공하는 리더는 어떤 습관을 가지고 있을까. 물론 리더마다 성격이 다르고 환경이 달라서 한마디로 성공하는 리더의 사소한 습관이 무엇이냐고 단도직입적으로 물어본다면 그에 대한 정확한 답을 내린다는 것은 쉽지 않다.

그러나 필자의 경험과 이미 성공한 리더들의 성공 습관을 이야기하자면 이들은 대부분 조직을 관리하는데 있어 나름대로의 기준을 가지고 있는 것은 확실하다.

예를 들면 일을 추진하는데 있어 이미 시스템적으로 정상적으로 돌아가는 일에 대해서는 신경을 쓰지 않고 무관심하다는 것이다. 이는 시스템적으로 잘 돌아가고 있어 여기에 리더가 개입을 하게 되면 정상적인 일이 비정상적으로 바뀔 확률이 매우 높다는 것이다.

그러나 일을 추진하는데 있어 일이 비정상적으로 돌아가는 것은 과감하게 나서 일을 정상적으로 추진하려고 한다. 이는 리더의 평소 습관에서 나오는 것이다.

실패한 리더의 경영 스타일이라고 하면 정상적이거나 비정상적이거나 항상 관심을 너무 두어 조직원들이 몹시 피곤해 한다. 특히 정상적으로 돌아가는 시스템에 대해 관여를 하려는 리더가 의외로 많다. 한마디로 정상적인 일에 본인의 의지를 투입해서 보다 더 정상적으로 일을 만들려고 하는 의지가 강하기 때문이다.

그러나 조직구성원이 볼 때는 이런 습관에 익숙해진 리더에 대해 별로 탐탁하게 여기지도 않거니와 결국에는 나중에 실패한 리더가 되는 경우를 종종 목격했다.

리더의 사소한 습관은 매우 중요하다. 사소한 습관 중 정상적인 것에 대해 무디게 반응하는 습관은 주변 조직구성원들로부터 좋은 호응을 얻는다.

따라서 지금 당신이 리더의 위치에 있는 사람이라면 과연 일에 대한 습관을 어디에 초점을 맞추고 일의 관여도가 높은지를 한 번쯤 고민해 볼 필요가 있다.

몸짓으로 강력한 메시지를
전달한다

자신의 주장을 강력하게 인지시키기 위해 손을 자주 흔드는 사람이 있다. 손짓은 말로 표현하는 것은 아니지만 상황에 따라 강력한 메시지를 전달하기도 한다.

그러나 문제는 별로 중요하지 않은 일에도 습관적으로 손을 흔들거나 인상을 찌푸리며 상대방에게 강압적인 분위기를 조성하는 사람이 있다는 것이다. 물론 손짓이나 몸짓을 의도적으로 잘 활용하여 청중을 사로잡은 유명인사도 많다.

대중연설가로서 청중에게 강력한 인상을 심어준 것으로 유명한 무솔리니는 손동작을 잘 활용한 사람이기도 하다. 그는 어떻게 하면 상대방을 위협과 불안에 싸이게 할지 손동작 자체를 연구했다고 한다.

그는 큰 회의가 있으면 으레 거울 앞에서 상대방을 제압할 수 있는 손동작, 몸동작을 시범적으로 연습했다고 한다. 손과 몸을 활용하여 얼마나 효과적으로 상대방에게 자신의 의견을 강력하게 전달했는지 짐작할 수 있을 것이다.

무솔리니보다 더한 사람은 그 유명한 히틀러다. 그는 대중연설을 할 때는 항상 날씨를 관찰하고 석양을 등지고 연설했다고 한다. 또한 그는 대중연설을 할 때 청중 앞에서 주먹을 불끈 쥐어 하늘을 향해 힘차게 뻗어올림으로써 청중들에게 자신이 아주 강한 사람이라는 이미지를 심어주었다고 한다.

처칠은 승리의 표시로 V자를 손으로 만들어 흔들었고, 드골은 연설을 할 때마다 자신의 어깨를 들어올려 청중들에게 자신감을 보여주었다.

물론 사람들과 대화하면서 유명인사들이 주로 활용한 손짓이나 몸짓까지 사용할 필요는 없겠지만 손짓이나 몸짓 하나 없이 말만 하는 것도 너무 딱딱한 분위기를 연출할 수 있다. '사람이 왜 저래? 앵무새처럼 말만 하고 몸은 딱딱하게 굳은 채 움직이지도 않고 말이야' 하면서 당신이 하는 말의 내용에 대해 불평하는 것이 아니라, 말하는 동작을 보고 짜증을 낼 수 있다.

상대방은 열심히 말을 하고 있는데 아무 말도 하지 않고 그저 바라만 보고 있다고 상상해보라. 얼마나 딱딱한 사람으로 생각하겠는가. 중간중간 손짓이나 몸짓으로 상대의 말에 동조하는 메시지를 보내는 것이 좋다.

또한 연인 사이에도 여자친구의 어깨에 다정하게 손을 올려놓으며 "요즘 힘들지?"라고 말한다면 여자친구는 한결 부드러운 감정을 가질 수 있다. 이뿐인가. 부부 사이라면 커피숍에서 서로 얼굴을 마주보며 상대의 손을 잡고 "당신 정말로 사랑해"라고 해보라. 그저 얼굴만 보면서 "사랑해"라고 말하는 것과 비교하면 엄청난 차이가 있다. 상대방의 손을 잡는 것 자체가 강력한 사랑의 표시가 되는 것이다.

◎ 대화할 때 실수하기 쉬운 손동작

- 대화하는 내내 손을 자주 흔든다.
- 손바닥을 보이면서 상대방에게 강력하게 어필한다.
- 손이 너무 높아 상대방의 어깨 높이 이상으로 올라간다.
- 대화하면서 손으로 자주 자신의 코를 만진다.
- 상대에게 사건의 개요를 설명하면서 손가락질을 한다.
- 손을 움직여 딱딱 소리를 낸다.
- 대화를 하면서 손으로 물건을 만지작거린다.
- 손가락에 반지를 2~3개 정도 끼고 있다.
- 대화를 하면서 손으로 자주 머리를 긁는다.

친근한 표정, 친근한 동작

만약 당신이 사랑하는 사람과 분위기 있는 레스토랑에서 식사를 한다고 가정하자. 웨이터가 당신에게 메뉴판을 주면 당신은 먼저 사랑하는 애인에게 메뉴판을 주면서 마음에 드는 음식을 선택하도록 한다.

이때 여자친구가 돈가스를 선택했다면 당신 역시 똑같이 돈가스를 선택할 확률이 매우 높다. 담배를 피우기 위해 라이터를 켜고 담배에 불을 붙이면 친구도 이내 당신을 따라할 확률이 매우 높다는 것이다.

이러한 현상이 사랑하는 사람들 사이에서만 발생하는 것은 아니다. 회사에서 미팅하는 시간은 분위기가 매우 엄숙하다. 사장 앞에서 부서별 업무내용에 대해 보고하는 부서장들은 긴장을 한다. 모두 움직이지 않고 경직된 분위기에서 발표한다.

이때 사장이 잠시 농담을 하여 분위기가 한층 부드러워졌다면 참석한 사람들은 이내 옆사람과 짤막한 대화를 한다. '사장이 농담하는 것을 보니 말을 해도 되겠지' 생각하고 조금 전의 분위기와는 전혀 다른 상황이 전개되는 것이다. 또한 사장이 앞에 놓인 커피잔을 들고 한 모금 마시면 참석한 대부분의 사람들도 마찬가지로 커피잔에 손이 가게 된다.

이와 같이 사람들간의 자세와 동작의 일치를 전문용어로 '인터럭셔널 싱크로니즘interlocutional synchronism'이라고 한다. 아주 친근한 사람끼리 앉아 있는 동안 슬로모션으로 이들의 동작을 분석해보니 두 사람의 움직임이 대략 48초의 1 이내에서 일치한다는 실험 결과도 있다.

이처럼 친근한 사람끼리는 동작에서 유사한 면을 발견할 수 있다. 그러나 이런 현상과는 달리 전혀 마음이 맞지 않거나 상대의 의견에 전혀 동조하지 않는 경우는 정반대의 몸동작이 나온다는 사실에 주목할 필요가 있다.

이러한 현상은 좌담회나 토론을 하는 과정에서 반대 의견에 있는 사람들의 표정이나 몸동작에서 흔히 발견할 수 있다. 이들은 상대의 표정이나 몸동작과는 전혀 다른 반응을 보인다.

여자친구가 영화를 보러 가자고 하면 따라간다. 영화를 보다가 여자친구가 어느 한 장면에 심하게 웃을 때 "뭐가 그렇게 우스워? 하나도 안 웃기는데"라고 해보자. 아마 여자친구는 남자친구에 대해 좋은 감정을 갖지 않을 것이다. 따라서 친구가 웃으면 같이 웃는 척이라도 하는 게 좋다.

인터럭셔널 싱크로니즘은 말 그대로 사람과 사람 사이의 커뮤니케이션을 유발시키는 무언의 행위라고도 할 수 있다. 어떻게 보면 상대와 친해지기 위해서 눈높이를 맞추는 것이라고도 할 수 있다.

노래를 잘하는 사람들의 모임에 가입하기 위해서는 본인도 노래를 어느 정도 잘해야 하지 않겠는가. 어른이 아이들과 잘 어울리려면 어른의 행동을 그대로 해서는 절대 안 된다. 어린이들과 같이 놀기 위해서는 어린이들이 즐겨 부르는 노래나 게임에 익숙해져야 하는 것은 당연하다. 사람들과 친해지기 위해서는 상대가 좋아하는 행동, 취미를 따라하는 것이 좋다.

◎ 상대와 친해지기 위한 연습

- 가능한 한 같은 취미를 갖는다.
- 일상생활에서 상대에게서 발견할 수 있는 것을 따라한다(커피 마시기, 분식 좋아하기, 걷기, 음악듣기).
- 상대의 동작이나 행동을 따라한다(웃으면 같이 웃고, 슬퍼서 울면 같이 울어주고).

예스 화법으로 쉽게 친해진다

우리가 알지 못하는 사람과 처음 만나는 순간 서로의 마음을 열게 해주는 것은 바로 말이다. 하지만 자칫 잘못하면 '첫마디가 왜 저래?', '아니, 그것도 질문이라고 하나?' 하면서 이내 상대에게 좋지 않은 선입견을 갖게 된다.

어디 이뿐인가. 이혼이나 가정불화로 싸움을 하는 사람들을 보면 대부분 말로 인해 문제가 발생한다. 그것도 첫마디 때문에 몹시 화가 치밀고, 첫마디로 인해 화가 난 상대방이 받아치는 말로 공격적인 말을 하다 보면 결국에는 걷잡을 수 없는 사태에까지 이르게 되는 것이다.

예스YES 화법이란 상대가 복잡하게 생각하고 긴장할 수 있는 질문을 아예 처음부터 하지 않는 것이다. 예를 들어 만나는 때의 계절이 낙엽 떨어지는 가을이라면 첫 질문을 "벌써 낙엽이 떨어지고 있군요"라고 하면 상대방은 거의 100% "네, 어느새 가을이네요"라고 한다. 물론 퉁명스런 사람은 동문서답도 하겠지만 말이다. 이런 질문에 "당연한 것 아닙니까?"라고 반문하는 사람도 있겠지만 말이다.

만약 이런 유형의 사람이라면 빨리 포기하는 것이 좋다. 이렇게 일단 상대방에게 아주 쉽고 특히 NO라는 대답이 나올 수 없는 질문만 던진다.

실제 유명 배우와 똑같지 않더라도 조금 비슷한 얼굴이라면 "○○○ 배우 닮으신 것 같아요"라는 말을 건네면 대부분의 남성들은 매우 좋아한다. 그에 대한 답변 역시 "아, 네, 그런 말을 종종 듣습니다"라고 한다. 처음부터 긍정적인 대답이 나오는 것이다.

YES라는 답변이 나올 수 있는 질문을 하는 것도 평소의 말하는 습관에서 나온다. 일단 상대방으로부터 YES라는 답변이 나오면 계속해서 다음번에도 YES라는 답변이 나올 확률이 매우 높다.

만약 처음부터 "죄송합니다만, 저에 대해서 어떻게 생각하십니까?"라고 물었다면 아마도 거의 모든 여성들은 "아니, 그런 난처한 질문을 쑥스럽게……" 하면서 말끝을 흐릴 것이다.

일단 상대방에게 아주 작은 부탁과 질문으로 부담감을 없애는 것을 전문용어로는 '풋 인 더 도어foot in the door'라고 한다. 문에 발을 슬쩍 갖다댄다는 뜻이다. 일단 발만 들여놓아도 성공한 것이다. 처음에 YES를 하면 다음번에도 상대방은 YES라고 할 확률이 높다.

사람은 자신의 행동에 일관성을 갖지 못하면 심리적으로 불안에 빠지는 경향이 있다. 처음부터 계속 YES라고 했는데 갑자기 NO라고 대답하기는 무척 어렵다는 뜻으로 해석할 수 있다. 뿐만 아니라 처음부터 YES라고 했기 때문에 심리적으로도 NO라고 말한 것보다는 한층 더 상대에게 친근감과 애정을 갖게 된다는 것이다.

그러나 대부분의 사람들은 이런 유형의 대화에 길들여지지 않았을 뿐만 아니라 몸에 배어 있지 않기 때문에 실전에서는 거의 활용하지 못한다. 하지만 상대가 누구이든지 일단 YES라는 대답이 나올 수 있는 질문에 길들여져 있어야 한다.

🎯 예스 화법을 이끌어가기 위한 연습

- 머릿속으로 상대방에게서 "YES"라는 대답이 나올 수 있는지 미리 계산한다.
- 일상생활과 관련된 질문에 능숙해야 한다(날씨, 건강, 취미, 식사, 운동, 최근 유행하는 용어, 시사상식 등).
- 평소 대화 습관에 문제가 있는 사람이라면 유사한 질문을 메모하여 외운다.
- 먼저 주변 사람들에게 실험적으로 "YES"라는 대답이 나올 수 있는 간단한 질문을 해본다.
- 본인 스스로도 상대방의 질문에 "YES"라고 대답하는 데 익숙해져야 한다.

당신이 자랑하는 완벽한 성격

조직을 이끌다 보면 가끔 스스로 완벽한 사람이라고 자랑하는 사람들을 종종 보곤 한다. 이들의 공통적 특징은 일단 일을 맡기면 완벽하게 일을 처리해 나가 그 누구보다도 일의 성과를 보면 타의 추종을 불허할 정도다.

여러분이 잘 알고 있는 제갈공명도 어린 시절 일찍이 부모를 여의다 보니 아버지나 어머니의 사랑을 받지 못했다고 한다. 여기에 의지하던 삼촌도 죽고 그나마 의지하고 있던 형도 일찍 집을 떠나다 보니 나 홀로 한 명의 남동생과 두 명의 여동생을 키워야 하는 말 그대로 고난의 생활이었다.

보통 이렇게 혼자서 모든 일을 맡아서 하게 되면, 더욱이 어렸을 적부터 이런 환경에 적응해온 사람이라면 나이가 들어도 항상 본인 아니면 절대 다른 사람한테 맡기는 것을 꺼려하는 습관이 있다. 제갈공명 역시 자신 이외에는 다른 사람을 잘 믿지 않았다고 한다. 그래서 그가 이루어낸 성과도 많지만 자신의 완벽한 성격으로 인해 피해를 본 것도 많이 있다고 한다.

물론 완벽하게 일을 처리하는 것은 좋은 일이다. 그러나 문제는 매사 완벽하다 보면 혼자 일을 하는 것이 아니기 때문에 항상 협조라는 것이 중요하다. 자신을 따르는 사람이 완벽하게 명령을 따라서 시킨 일을 완벽하게 수행한다면 별 문제가 없다.

그러나 일이란 것은 항상 혼자는 할 수 없는 일이 많이 있다. 이때 완벽성을 추구하는 습관을 지닌 리더를 만나면 둘 중 하나이다. 완벽하게 일이 이루어지거나 그렇지 않으면 중도에 포기한다.

이런 경우 완벽성을 추구한 리더는 자신 스스로가 못 견디는 것을 자주 목격했다. 결국 완벽한 일을 추구하는 습관 때문에 스스로 자신에게 견디지 못하고 목숨을 끊는 경우도 보았다.

한 가지 일을 완벽하게 추구하고 모든 일을 맡기면 완벽하게 처리하고 말겠다는 성격은 매우 위험하다. 필자의 견해로 볼 때 너무 완벽하면 스스로 못 견뎌 자신 스스로가 정신적으로 힘들다. 그래서 제갈공명은 북벌을 끊임없이 행하다가 결국 죽었다.

상대의 마음속으로 들어가라

　사실 상대방의 입장을 확실하게 이해한다는 것은 무척 어려운 일이다. 특히 비즈니스를 하는 데는 상대방의 의중을 파악하는 것이 무엇보다 중요하다. 자신이 생각하는 것과 정반대의 의견을 가지고 있는 경우가 많다. 분명히 자신이 생각하는 방향으로 상대도 생각하고 있을 것이라고 판단했지만, 실제로 뚜껑을 열어보면 전혀 아닌 경우가 많다. 단지 추측으로 사람을 평가하기 때문에 이런 결과가 오는 것이다.

　보통 상대방에게 화가 날 때 "당신이 내 입장이 되어 생각해보라"고 하면서 다그치는 말을 많이 한다. 이 말은 '당신이 내가 하는 행동을 어떻게 이해한단 말인가'라는 의미와 일맥상통한다고 할 수 있다.

　어린이를 데리고 동물원에 갔을 때 어른들은 자신이 좋아하는 동물을 아이에게 보여주려고 한다. 이제 막 유치원에 입학한 자녀

들에게 아버지가 좋아하는 호랑이를 보여주면 어린애가 무서워서 우는 경우가 있다. 이때 아빠는 당황해서 "우리 안에 있기 때문에 무섭지 않아, 괜찮아"라며 우는 애를 달래지만, 아이는 아빠의 말에 대꾸도 하지 않은 채 울기만 한다.

바로 이런 장면에서 보듯이 어린이의 입장과 어른의 입장은 전혀 다른 것이다. 어른의 입장에서 볼 때 어린애가 우는 것이 이해되지 않을지 모르지만, 어린애의 입장에서는 무서운 호랑이를 보여주는 아빠가 원망스러운 것이다.

이와 같이 사람들은 자신의 입장만 고려하여 상대의 입장을 전혀 생각하지 않는 경우가 많다. 인간관계에서는 상대방의 입장에서 상대를 이해하려는 습관이 매우 중요하다.

미국의 대통령인 루스벨트는 어떤 사람을 만나도 자유자재로 상대방과 서슴없이 대화를 했다고 한다. 사실 대통령이 만물박사는 아니다. 매일 각 분야의 유명한 전문가를 만나는 대통령으로서 각 분야에 대한 지식이 없이는 자유롭게 상대방과 대화한다는 것이 거의 불가능한 일이다.

그러나 루스벨트는 자신이 만나는 사람과 관련된 분야의 지식을 사전에 철저하게 연구한 후 만났다고 한다. 만나는 사람이 무엇에 관심이 있는지, 좋아하는 것이 무엇인지, 전공이 무엇인지, 심지어는 상대방의 취미, 싫어하는 것 등까지 세밀하게 정보를 입수하여 미리 습득한 후에 만났다고 한다.

면담을 하고 나온 사람들은 대부분 '대통령이 어떻게 그 어려운 것을 알고 있었을까?'라고 생각하며 무척 놀라워했다고 한다. 이러한 것은 바로 상대방의 입장이 되어 일종의 역할 연기를 제대로 했기 때문에 가능한 일이다.

따라서 나를 아는 것도 중요하지만 상대를 아는 것은 더 중요하다.

🎯 상대의 마음속으로 들어가는 습관

- 상대방의 입장에서 이해하려고 노력한다.
- 상대방을 배려하는 마음을 갖는다.
- 평소 역할 연기에 능숙해지도록 노력한다.
- "충분히 이해하겠습니다. 당신의 입장이라면 저도 마찬가지일 것입니다"와 같은 용어에 익숙해진다.
- 상대방이 싫어하는 것과 좋아하는 것을 비롯해 상대에 관한 것을 미리 파악해둔다.

3장

생활 속에서
지켜야 할
사소한 습관

자신을 낮춘다고 해서 결코 자신이 낮아지는 것이 아니다.

자신을 낮추는 것은 상대와의 원활한 인간관계를 위해서 꼭 필요한 일이다.

자신을 낮추는 습관

우리는 상대방과 대화하면서 종종 "제 짧은 소견입니다만", "제가 말한 것이 정확하지 않을 수도 있겠지요", "저는 아직도 아마추어입니다"라는 말을 듣는다. 가만히 분석해보면 자신을 낮추어서 말하기 위해 고심한 흔적이 보이는 말이 아닌가 싶다.

자신을 낮추면 그만큼 마음이 편안해지는 것은 사실이다. 개인적인 인간관계에서 자신을 낮추는 습관도 중요하지만 비즈니스에서도 자신을 낮추는 습관은 매우 중요하다.

자신을 낮추는 이야기는 예수님의 말씀에서도 찾아볼 수 있다. 빌립보서 2장 5~8절에 예수님의 마음이 나오는 두 마디가 있다. 하나는 "자기를 비워"라는 말이고, 다른 하나는 "자기를 낮추시고 죽기까지 복종하셨다"라는 말이다. 이 역시 자신을 낮추는 말씀이 아니고 무엇이겠는가.

또한 예수님 말씀 중에 "누구든지 크고자 하는 자는 섬기는 자가 되고, 너희 중에 으뜸이 되고자 하는 자는 너희 종이 되어야 한다"라고 하셨다. 이 말 역시 큰사람이 되면 섬기는 대상이 되는 것이 아니라 섬기는 자가 되어 자신을 낮추라는 뜻이다.

요즘은 공존지수의 시대라고 할 정도로 사람과의 네트워크가 아주 중요한 시대라고 할 수 있다. 중고등학교 때 공부만 열심히 한 학생이 사회에 나와 반드시 성공한다는 보장은 없다. 이미 주변에서 그런 현상을 많이 보지 않았는가.

이들은 IQ나 EQ가 다른 학생들보다 훨씬 뛰어나다. 그러나 이들의 공존지수NQ : Network Quotient가 성적이나 IQ에 비례하여 반드시 높은 것은 아니다. 물론 다 그런 것은 아니지만 말이다.

공존지수란 말 그대로 사람과의 관계성이라고 할 수 있다. 직장에서나 사회에서 자신만이 최고라고 하는 독불장군 시대는 이미 사라진 지 오래이다. 팀워크가 중요하고 직장 내 동료들과의 친화성이 중요한 시대이다.

내가 먼저 마음을 열기 전에 상대가 마음을 열기를 기대할 수는 없다. 상대의 마음을 열기 위해서는 상대의 말을 귀 기울여 듣고, 상대에게 관심을 갖고 나를 낮추어 상대를 바라보는 생각이 중요하다.

"자네 아이디어가 굉장한데, 어떻게 그런 생각을 했을까? 나는 전혀 생각도 못했는데"하면서 과장이 부하직원을 칭찬하는 것 역시 자신을 낮추는 것이다. 말 그대로 몸을 굽히는 전략이 필요하다. 그러나 평소 자신을 낮추는 습관을 유지하기란 결코 쉬운 일이 아니며, 고도의 마음 단련 훈련 없이는 절대 불가능한 일이다.

지금의 사회는 계속해서 경쟁을 한다. 경쟁을 부추기다 보니 결국 무의식중에 자신을 과대평가하는 습관이 몸에 배어버린다. 그러나 명심할 것은 자신을 낮춘다고 해서 결코 자신이 낮아지는 것이 아니라는 사실이다. 자신을 낮추는 것은 상대와의 원활한 인간관계를 위해서 꼭 필요한 일이다.

◎ 자신을 낮추는 습관 들이기

- 항상 겸손한 말을 사용한다.
- 상대방의 이야기를 주의 깊게 경청한다.
- 리더는 군림하는 것이 아니고 봉사하는 사람이라고 생각한다.
- 평소 주변 사람들에게 친절하다는 이미지를 심어준다.
- 오늘 하루도 나를 낮출 수 있는 것이 무엇인지 생각한다.
- 먼저 인사하고 먼저 말을 거는 데 인색하지 않는다.
- 봉사한다는 자세를 항상 잊지 않는다.

주변의 사소한 문제까지
걱정하는 습관

사람들을 만나다 보면 말도 잘하고 행동도 활동적인 사람이 자신을 생각할 때 자신 스스로를 걱정하는 사람들이 의외로 많이 있다.

한 예를 들면 필자가 잘 알고 있는 한 분은 평소 말도 잘하고 덕망도 높으신 분인데 한참 말을 하고는 필자한테 걱정하는 말을 자주 하곤 한다. 그 이유인즉 자신이 하는 행동과 말에 대해 주변 사람들이 어떻게 생각하는지를 걱정하면서 '나의 이야기를 들은 사람들이 나를 좋게 평할까?' 하는 식으로 걱정을 한다. 그러고는 자신이 한 행동에 대해 평가를 받고자 한다.

다시 말해 자신이 한 행동과 말에 대해 주변 사람들이 어떻게 생각을 할까 고민하면서 자신의 평가대로 아마도 그들이 자신의 행동에 대해 못마땅하게 여길 것이라고 생각하며 걱정을 한다.

즉, 자신의 능력, 자신의 주체성을 본인 스스로가 전혀 확신하지 않는다는 것이다. 혹이나 자신에 대해 조금이라도 안 좋은 소문을 듣게 되면 그 소문으로 인해 많은 걱정을 한다. 그리고 자신이 생각한 대로 무엇인가 잘못되었다고 생각하면서 자주 주변 사람한테 물으면서 걱정을 하곤 한다.

자신에 대해 가장 잘 아는 사람은 오직 자신 스스로이다. 자신 스스로에 대해 부정적인 생각을 가진다는 것 자체가 자신에 대한 존경심이 부족한 것이다.

당장 오늘부터라도 자신이 한 말에 대해 당당하고 힘차게 옳은 일이었다고 생각하는 습관을 들이자. 당신이 한 말과 행동에 대해 주변 사람들로부터 존경과 사랑을 받고자 한다면 자신 스스로가 먼저 자신에 대해 확고한 존경심을 가져야 한다.

물론 '나에 대해 주변 사람들이 어떻게 생각할까?' 하고 상황에 따라서는 고민도 필요하다. 그러나 주변 사람들을 너무 의식하면 본인 스스로가 설 땅이 없다는 것을 알아야 한다.

맞장구치는 습관

사람들은 흔히 "첫마디만 들어보면 안다니까"라는 말을 많이 한다. 이 말이 의미하는 바는 상대방이 얼마나 말을 잘하는지, 자신의 주장을 얼마나 잘 펼쳐나가는지 알아보는 것도 있지만, 가장 중요한 것은 상대방이 대화하면서 어떤 태도로 임하는지, 나의 주장에 대해 어떻게 생각하는지에 대해 나름대로 평가하고 싶어하는 것이다.

상대의 주장과 이론은 두 번째로 중요한 것이다. 우선 대화의 분위기를 상대가 얼마나 잘 이끌고 나가는지에 관심을 둔다. 상대방과 대화를 잘하는 사람은 말을 잘하는 사람이 절대 아니다.

자신의 주장을 논리적으로 강력하게 내세웠다 하더라도 이를 들어주는 상대방이 제대로 듣지 않거나 딴전을 피우면 아무 소용이 없다. '그래, 당신은 떠들어라. 나는 다른 생각을 할 테니까'라고 속으로 생각하면서 대화에 참여할 생각을 전혀 하지 않는다.

그러나 진정으로 말을 잘하는 사람은 절대 자신의 말만 고집하여 말하지 않는다. 비록 듣는 사람이 말을 잘 못하는 사람일지라도 말이다. 상대가 자신의 말을 듣고 그에 대한 의견을 끄집어내도록 유도하는 쌍방향 커뮤니케이션을 이끄는 사람이 진정으로 말을 잘하는 사람이다.

재미있는 대화, 끊기지 않는 대화를 하기 위해서는 상대방의 도움과 의견이 상당히 중요하다. 쌍방향 대화란 바로 이런 분위기를 이끌고 나가는 대화를 말한다.

그러나 상당수의 사람들은 일단 논쟁을 하기 시작하면 상대방의 말이 끝나기도 전에 반박하거나, 일방적으로 자신의 주장만 내세운다. 그러다 결국 서로의 의견만 개진하고 상대방으로부터 전혀 신뢰를 얻지 못한 채 대화가 끝나고 만다.

대화에서는 한쪽이 다른 한쪽에게 유도하는 맞장구 비법이 필요하다. 일단 한쪽에서 맞장구를 치면 어느 정도 상식이 있는 사람이라면 자신이 말할 때 똑같이 "네, 그렇군요"라고 말할 확률이 높다.

대화가 깨지는 이유 중 하나는 상대의 자존심을 상하게 했기 때문이다. 특히 자신의 주장을 강력하게 내세우는 사람일수록 자존심이 아주 강하다. 그러나 역으로 이런 유형의 사람들은 간단하게 맞장구치는 대화만 해도 매우 좋아한다.

물론 상대방이 주장하는 바에 대해 무조건 맞장구쳐서는 안 되는 경우도 있다. 정책 대결을 한다거나 중요한 의사결정을 내려야 하는 경우, 처음부터 완전히 반대 의견을 가지고 테이블에 나오는 경우이다.

주변 사람들로부터 대화의 기피대상이 되면 여러 가지로 힘들다. 사람들은 한 번 대화를 해보고 오랫동안 상대방의 이미지를 기억하고 있기 때문이다. 특히 말을 해보고 아니다 싶으면 오랫동안 첫 대화의 장면을 기억하고 다시는 말을 걸지 않으려고 한다. 남의 말에 맞장구치는 습관이 전혀 없기 때문이다.

하지만 이는 몰라서 하지 못하는 경우가 많다. "네, 맞습니다"라는 말의 위력을 모르기 때문이다. 그렇지 않으면 기본적인 맞장구치는 대화 자체도 자존심으로 보고 상대를 전혀 존중하지 않는 사람이기 때문이다.

◎ 맞장구치는 대화 습관 들이기

- 평소의 대화 습관에 "네"라는 말을 자주 사용한다.
- 처음부터 '맞장구 좀 쳐야겠어'라는 생각을 가지고 대화에 임한다.
- "네, 맞습니다"의 위력이 대단하다는 것을 의식한다.
- 산에 올라가 "네, 맞습니다"라고 여러 번 외쳐본다.
- 주변 사람들과 가벼운 대화를 할 때 항상 맞장구치는 연습을 해보자.

상대방보다 앞서 기다리는 습관

약속시간을 정해놓고 상대방이 그 시간에 나타나지 않을 때, 더구나 약속시간이 훨씬 지난 다음에야 나타나는 경우 이보다 더 화나는 일은 없다. 그만큼 약속시간은 매우 중요하기 때문이다. 상황에 따라서는 사람을 몹시 기분 나쁘게 하는 것이 약속시간에 늦게 나타나는 것이다.

한 번 약속을 위반하여 늦게 나타난 사람은 다음번에도 약속시간에 늦게 나타날 확률이 매우 높다. 약속을 정해 놓고 습관적으로 늦는 사람도 있다. 이런 유형의 사람은 비즈니스나 기타 사람과의 관계성에서 많은 것을 잃게 된다.

정신의학자인 인셸에 의하면, 사람을 기다리는 것이 고통스러운 것은 기다림 자체에 소위 말하는 '종속의 효과'라는 것이 있기 때문이라고 한다. 사람을 기다리게 할 때 기다리게 하는 당사자와 기다리는 사람이 있다. 대부분 기다리게 하는 사람은 기다리는 사람보다 우위에 있는 사람들이 많다.

물론 아랫사람이 먼저 약속시간에 나타나지 않는 경우도 가끔은 있지만 아랫사람이 늦게 나타나면 매너가 없는 사람, 예의가 없는 사람, 에티켓이 전혀 없는 사람, 배움이 부족한 사람 등 늦게 나타난 것을 두고 여러 가지 좋지 못한 판단을 하게 된다.

그러나 이와 달리 윗사람이 늦게 나타나는 것에 대해서는 으레 '높은 사람이니까 늦게 나타나는군' 하면서 당연한 것으로 받아들인다.

이러한 이유는 바로 약속시간의 기다림 자체에 종속의 효과가 있기 때문이라고 한다. 그래서 회의를 할 때 사장이 늦게 나타나거나 모임을 이끄는 대표자나 위원장들이 늦게 나타난다. 그만큼 늦게 나타나는 것을 두고 사람들은 자신의 지위를 평가한다는 것이다.

그러나 기다림에 대한 종속의 효과를 인간관계에서 거꾸로 활용한다면 엄청나게 좋은 결과를 가져올 수도 있다. 물론 좋은 결과를 가져오기 위해서는 반드시 약속시간보다 1분이라도 일찍 만남의 장소에 도착해서 상대방을 기다려야 한다. 정시에 나타난 친구나 선배는 자신보다 일찍 나타난 상대방에게 미안해서 어쩔 줄 모른다. "아니, 벌써 와 있었군. 미안하네." 10명 중 7~8명은 거의 이런 말을 한다.

그러나 따지고 보면 상대방보다 1분 일찍 온 것밖에 없는데 상대방은 그 1분에 대해, 자신보다 일찍 도착한 것에 대해 고마움과 부끄러움을 느낀다는 것이다.

비즈니스 차원에서도 상대방보다 1분 일찍 약속장소에 나타난 사람이 한두 마디 정도는 우위를 점할 수 있다. 사람들은 자신보다 1분 일찍 도착한 것뿐일지라도 상대방에 대해 "신용이 있어", "됨됨이가 된 사람이야", "역시 약속시간은 정확하게 지키는 사람이야" 하면서 좋은 이미지를 갖게 된다.

사실 1분은 아주 짧은 시간이다. 그래서 사람들은 1분이라는 숫자를 대수롭지 않게 여기는 경향이 있다. 그러나 약속장소에 상대방보다 1분 먼저 나타나는 것은 엄청난 결과를 가져올 수 있다는 사실을 명심하라.

이뿐인가. 축구경기에서 마지막 후반전 1분을 남겨두고 연속으로 두 골을 넣어 역전승한 경우도 있다. 1분이 늦어 사람의 목숨을 앗아간 경우도 주변에서 흔히 볼 수 있다. 1분 늦게 도착한 사람은 상대방이 몇 분 일찍 도착했는지 확인하지 않으며, 그저 자신보다 먼저 온 것에 대해 고맙고 미안할 따름이다.

약속시간을 정해놓고 상대방보다 조금이라도 늦게 나오며 자신이 더 우위에 있다고 생각한다면 오산이다. 대학에서 미팅을 하다 보면 간혹 여성들이 약속시간에 늦게 나오는 것 역시 자존심 때문이라고 할 수 있다. 자신이 주도권을 잡기 위해서는 으레 늦게 나와야 한다고 생각하는 것이다.

그러나 좋은 인간관계를 오랫동안 맺기 위해서는 상대방보다 항상 1분 먼저 나오는 것이 필요하다. 아주 쉬운 일처럼 보이지만 실제로 현장에서는 잘 지켜지지 않는 것이 1분 일찍 도착하는 것이다.

🎯 1분 일찍 도착하기 위한 연습

- 먼저 와서 기다리는 사람이 아랫사람이라는 생각을 버려라.
- 약속장소에 상대방보다 먼저 도착해야겠다는 생각을 가져라.
- 상대방보다 1분만 먼저 도착하면 상대방으로부터 좋은 인사를 받을 수 있다.
- 1분만 투자하면 상대에게 좋은 이미지를 줄 수 있다는 사실을 잊지 않는다.
- 1분이 중요한 것이 아니라, 상대방보다 먼저 도착했다는 사실에 기쁨을 느낀다.

저도 ○○○ 님의 의견에
공감을 합니다

"아니, 뭐가 틀리다는 겁니까?", "아닙니다. 그것은 잘못 알고 계신 것이 확실합니다.", "뭐라고요? 당치도 않은 말입니다."

주변에서 이런 대화를 자주 들을 수 있다.

첫 답변으로 '아니, 아닙니다, 뭐라고요?'라는 말은 상대방의 감정을 극도로 자극하여 화나게 한다. 대부분의 사람들은 상대의 말이 끝나기도 전에 이런 말을 서슴없이 내뱉는다. 그리고 몹시 흥분한 상태에서 이런 말을 한 것을 아주 잘했다고 자화자찬한다.

그러나 문제는 이런 말을 했을 때 상대방의 입장에서는 마음이 무척이나 상한다는 것이다. 더 이상 이곳에 앉아 있기가 거북스럽다.

대화할 때 유독 자신의 주장을 강력하게 내세우는 사람이 있다. 평소 그런 습관이 없던 사람이라도 자신의 주장을 상대방이 인정하지 않거나 받아들이지 않으면 자아확대 욕구가 커지는 것이다.

이것은 자신의 욕구가 충족되지 않은 채 욕구불만이 발생하여 결국 대화 내내 공격적인 대화로 바뀌기 쉽다. 아니면 사람의 성격에 따라 욕구불만의 책임을 남에게 전가하는 사람, 모든 걸 포기한 채 자신 스스로를 책망하는 사람, 그 누구에게도 책임을 전가하지 않는 사람 등의 유형으로 나타난다.

대화를 할 때의 기본적인 요건은 상대를 존중해주는 데서 출발해야 한다. 사람들의 심리를 살펴보면 자신의 주장을 한사코 인정하지 않는 사람에 대해서는 "아주 나쁜 사람이군", "기본도 모르는 사람이야"라고 단정하여 자기 스스로를 합리화시킨다. 이미 본인은 누구와도 대화를 할 수 없다며 마음에 두꺼운 장벽을 치는 것이다.

필자가 잘 알고 있는 사람 중에 P씨의 경우를 예로 들어보면, 아무리 호텔에서 화난 고객이 있다 할지라도 P씨와 대화를 하면 90% 이상이 만족스러워하며 이내 같이 술 한잔 할 정도까지 친한 사이가 된다.

그래서 그 비결이 뭐냐고 물었다. 그의 대답은 아주 간단했다. "별것 없습니다. 그냥 들어주기만 하면 됩니다"라는 것이 아닌가. 그냥 들어주기만 하면 된다고 하니 해답은 지극히 간단한 것이었다.

"뭐라고 말씀하셨습니까?"라고 말하기보다는 "저도 ○○○ 님의 의견에 공감을 합니다"라고 한번 말해보자. 이런 말을 듣고 화넬 사람은 거의 없다.

화난 사람과 친해지기 위해서는 평소의 대화 습관이 중요하다. 평소 자신의 주장만 내세운다거나, 남의 말을 잘 듣지 않는 사람, 특히 남의 말에 잘 끼어드는 사람이라면 습관을 확 바꾸어야 한다.

만약 어렵다면 가장 쉬운 습관인 무심코 들어주는 습관부터 익히는 연습이 필요하다. 그리고 대화 중에 "그렇습니다", "네"라는 말을 되풀이해 보자.

그러나 상대방의 의견이 전혀 나와 다른데도 불구하고 너무 긍정적으로 상대방을 대하다 보면 자칫 상대방이 자신의 의견이 틀렸음에도 불구하고 더 강한 주장을 할 수 있다는 사실도 명심하자.

🎯 화난 사람과도 부드럽게 대화할 수 있는 습관 들이기

- 평소 듣는 습관을 익힌다.
- 가능한 한 상대방의 의견에 동조하는 용어에 익숙해져야 한다(맞습니다, 그래요, 좋습니다, 동의합니다 등).
- 말을 하기 전에 먼저 상대의 얼굴을 관찰한다.
- '나는 들어주는 사람이야'라고 속으로 한두 번 외쳐본다.
- 화난 사람은 분명히 이유가 있다고 인정한다.
- 화난 사람과 대화할 때는 말을 줄이고 들어준다.
- 가능한 한 조용한 곳을 택해서 대화한다.
- 화를 내는 핵심 내용을 같이 반복해서 말한다.

거절하는 연습도 필요하다

　마음이 약해서 그런지, 사람이 좋아서 그런지는 몰라도 일단 어느 정도 친한 사이가 되었다면 상대방의 부탁을 쉽게 거절하지 못하는 사람이 있다.

　물론 이런 습관 때문에 좋은 이미지를 심어주어 인간관계에서도 좋은 관계를 유지하고 있지만, 상대방의 요구를 거절해야 하는데도 과감하게 거절하지 못해 큰 낭패를 당하는 경우도 있다. 그러므로 좋은 인간관계를 유지하기 위해서는 때로 거절하는 것도 반드시 필요하다.

　대부분 쉽게 거절하지 못하는 사람들은 상대방이 부탁한 날짜가 다가오면 그제야 약속을 못 지킨다. 처음에 거절하지 못하고 마지막에 거절하기 때문에 상대방은 더 큰 실망을 하게 된다. 처음부터 과감하게 부탁을 못 들어주겠다고 거절해야 되는데 쉽게 거절하지 못하는 습관이 몸에 배어 있는 것이 문제이다. 결국 이 문제로 인해 '처음에 부탁할 때부터 거절했어야 했는데……'라면서 후회한다.

그러나 문제는 이번이 처음이 아니라는 것이다. 매번 이런 문제로 고민을 한다. 사실 상대방이 부탁한 것을 즉석에서 거절하는 것이 얼마나 어려운 일인지 경험해본 사람이라면 이해할 것이다.

특히 대인관계가 좋다고 소문난 사람일수록 상대방의 부탁을 거절하기가 쉽지 않다. 간단하게 "NO"라고 하면 되는데 그 말이 나오기까지 엄청난 고민을 해야 하는 것 때문에 차라리 "YES"라고 하게 되는 것이다.

평소 인간관계에서 끊고 맺는 것을 확실하게 마무리하는 사람이라면 절대 이런 문제로 고민하지 않는다. 하지만 마음이 여리고 매사 상대를 너무 의식하는 사람이라면 쉽게 거절하지 못한다.

그러나 지키지 못할 약속이라면 용기를 가지고 "제가 노력을 해도 상당히 어렵다고 봅니다"라고 상대의 부탁을 거절하는 습관이 필요하다.

마음속으로 '지키기 힘들 것 같은데'라고 생각되면 과감하게 거절해야 한다. 항상 'YES'만 하는 사람이 갑자기 'NO'로 바꾸기는 무척 힘들겠지만 지금부터라도 용기를 가지고 거절하라. 처음에 "NO"라고 말하는 것 자체에 대한 두려움과 미안함만 생각할 것이 아니라, 나중에 지키지 못했을 때의 엄청난 파장을 반드시 생각해야 한다.

🎯 상대방의 요구를 거절하는 습관 익히기

- '언제나 YES맨'이라는 인식을 주변에 심어주어서는 안 된다.
- 아주 작은 일부터 거절하는 연습을 하자(친구와 영화 보기, 점심 약속, 축구 구경 등 가벼운 제안 거절하기).
- 상대방의 요구를 들어주지 못할 것 같으면 과감히 거절하라.
- 물건값을 흥정할 때 가격을 깎는 연습을 하라.
- 상대의 부탁을 거절할 때는 반드시 거절의 이유를 설명해준다.
- 다음번에 만났을 때 다시 한 번 미안함을 표시한다("지난번에는 도움이 되어드리지 못해서 대단히 죄송합니다").
- 싫은 경우에는 과감하게 싫다는 제스처를 보낸다.

유머 습관을 기르자

　사람들은 왜 웃기는 프로에 관심을 갖는 것일까? 그 이유는 간단하다. 매일 지치고 힘든 생활을 하면서 무언가 흥미 있고 자신의 일과는 무관한 새로운 것을 찾고자 하는 것이다. 특히 개그와 관련된 유머는 웃음을 제공하기 때문에 건강에도 도움이 된다.

　경직된 분위기에서도 누군가 재미있는 말을 하면 금방 장내의 분위기가 확 바뀌는 것이 유머의 힘이다. 일반적으로 보면 유머나 조크에 뛰어난 사람들이 상대의 마음을 사로잡는 데도 아주 뛰어나다.

　지크문트 프로이트는 일상의 전환을 통해 무의식적인 세계가 명확하게 표현된다는 사실을 발견했다. 우리가 바라는 열망이나 내면에 깊이 박힌 감정들은 우리를 즐겁게 하는 것을 통해 나타난다는 것이다.

　가끔 보면 유명한 패션쇼에서 등장한 인물들이 걸어가다 발을

헛디뎌 넘어질 때 사람들은 그 광경을 보고 슬퍼하거나 노여움에 앞서 웃기를 먼저 한다. 그 장면이 우스꽝스런 모습이기 때문이다. 그래서 어떤 사람들은 일부러 넘어지기도 한다.

사람들의 긴장을 해소시켜주는 데는 유머가 매우 중요한 역할을 한다. 대화를 하다가 상대방이 무심코 내뱉은 말이라도 그것이 웃는 일이라면 일단 상대방에게 호감을 갖는다.

5개국 3,000명의 부부를 대상으로 연구한 결과를 보면, 배우자 남성, 여성 모두 무뚝뚝하고 말이 없는 부부보다 유머를 갖추고 있는 배우자와 함께하면 더 행복하다는 것이다. 특히 남성의 유머 감각이 뛰어나면 다른 한쪽, 즉 여성이 더 행복해하는 것으로 연구된 바 있다.

요즘 신세대들의 결혼 성향을 살펴보면 유머가 풍부한 사람을 으뜸 신랑감으로 생각한다. "그 사람은 정말 유머스럽단 말이야" 하면서 자신의 남자친구를 칭찬한다.

또한 유머를 섞어 대화하다 보면 비즈니스에서도 성공할 확률이 매우 높다. 대화의 상대자가 참지 못할 정도의 웃기는 이야기를 하는데 좋은 감정을 갖는 것은 당연한 이치가 아닌가.

그렇다면 어떻게 유머 감각을 키워야 할까? 답은 간단하다. 유머와 관련된 책이나 인터넷상에서 재미있는 내용을 읽고 자기 것으로 각색하거나 그대로 말하면 된다. 일단 유머스러운 내용과 많이 접촉하는 것이 중요하다.

🎯 유머 습관 들이기

- 유머 감각이 있는 사람과 사귄다.

- 유머와 관련된 책을 많이 읽는다.

- 인터넷 등에서 재미있는 내용을 수집하고 자기 것으로 각색한다.

- 생활 속에서 유머를 찾으려고 노력한다.

- 너무 완벽하게 일을 처리하는 습관보다 실수가 유머를 낳을 수 있다.

- TV 개그 프로그램을 자주 시청한다.

- 대화할 때 자주 웃는다.

칭찬하는 습관

얼마 전 직장인들을 대상으로 상사에게서 듣고 싶은 말을 조사해보았더니 1위가 "수고했어, 정말 잘했어", 2위는 "역시 자네야. 자네가 한 일이니 틀림없겠지"라는 결과가 나왔다고 한다.

그 이유는 간단하다. 칭찬이란 나를 인정해주는 것이기 때문이다. 자신을 인정해주는데 싫어할 사람이 어디 있겠는가. 그러나 칭찬도 방법에 따라 강도가 달라질 수 있다.

칭찬 하면 로버트 로젠탈Robert Rosenthal 교수를 빼놓을 수 없다. 그는 미국의 한 초등학교에서 전교생을 대상으로 IQ검사를 진행, IQ검사 결과와 관계없이 임의적으로 20%를 뽑은 뒤, 이 명단을 선생님에게 주면서 선발된 학생들은 지적 능력, 학업성취 능력을 높일 수 있는 확률이 매우 높다고 하였다.

그리고 8개월 지난 후, 처음에 진행했던 방식과 동일하게 한 다음 이전에 뽑았던 20%의 학생들을 대상으로 분석한 결과, 이들의 성적이 높게 나타났다고 한다. 이 말은 곧 칭찬하면 그 결과도 그에 상응하는 결과가 나온다는 것을 알 수 있다.

나이가 지긋한 중년 부인이 동창회 모임에 나가서 친구들에게 "야, 아직도 젊다. 젊은 비결이 뭐야?"라는 말을 들었다면 아마 기분이 좋을 것이다. 또한 수영장에 가서 수영 강사로부터 "나이에 비해 너무 젊어보이시는데요"라는 말을 들었다면 친구들에게 들은 말보다 백 배, 천 배 더 기분이 좋을 것이다.

이처럼 칭찬이라는 것은 상대에 따라 강도가 달라진다. 매일 보는 아내가 "당신 오늘 따라 멋있어 보이는데" 하면 남편은 "무슨 쓸데없는 소리야"라고 퉁명스레 핀잔을 줄 수도 있다. 물론 쑥스러워서 그렇겠지만 말이다.

이렇듯 칭찬을 들을 때도 그 상대가 누구냐에 따라 칭찬의 느낌이 다르다. 또한 아무리 좋은 칭찬이라 할지라도 잘못하면 오히려 상대방으로부터 오해를 받거나 미움을 살 수도 있다.

"미스 김은 정말 미인이야."

이런 말을 들은 상대방은 "우리 과장님은 아무 여자에게나 모두 미인이래"라면서 과장의 칭찬을 달갑게 생각하지 않는다. 오히려 칭찬 속에 다른 속셈이 들어 있다고 생각하거나, 번지르르하게 말만 잘한다는 생각을 심어주기 쉽다.

사람들이 칭찬을 할 때 빠뜨리기 쉬운 것 중 하나가 과정을 중요시하지 않고 결과만 가지고 칭찬한다는 것이다. 사실 결과가 중요하긴 하지만, 바라는 결과가 나오지 않았더라도 최선을 다했다면 그 과정 또한 상당히 중요하다.

"김 과장, 수고했어. 정말 힘들었지? 다음번에 다시 한 번 잘해 보자고"라는 사장의 말 한마디는 김 과장을 더욱 분발하게 하는 것은 물론이고 사장을 다시 보게 한다. 그러나 사장이 "그것 봐, 결과가 안 나오잖아. 내가 뭐라고 했어?"라면서 결과만 따진다면 사장의 경영능력 이전에 리더십에 큰 문제가 있다고 본다.

칭찬은 사람을 기분 좋게 할 뿐만 아니라 대인관계에도 큰 영향을 미친다. 나폴레옹은 칭찬을 싫어했다고 한다. 그러나 어느 날 부하에게서 "각하, 저는 각하께서 칭찬받기를 싫어하시는 그 부분을 너무 좋아합니다"라는 말을 듣자 칭찬을 싫어하던 나폴레옹도 그만 그 한마디에 감탄했다고 한다. 칭찬의 위력이 얼마나 센지 가히 짐작할 수 있는 이야기이다.

그러나 칭찬 속에 어떤 속셈이 도사리고 있는 경우도 있다. 그래서 지나치게 칭찬하다 보면 '아니, 이 사람이 무슨 속셈이 있나?'라고 의심받을 수 있다는 사실도 명심해야 한다.

어느 날 숲속에 치즈를 입에 문 까마귀 한 마리가 나타났다. 이 장면을 본 여우가 나무 위에 앉아 있는 까마귀에게 급히 달려와서 말했다.

"까마귀 님, 의상이 정말 멋있고 얼굴도 잘생겼습니다. 거기에다 목소리도 무척 아름답습니다. 지금까지 들어본 목소리 중 가장 아름답습니다. 한 번만 노래를 불러주시지 않겠습니까?"

그러자 까마귀는 노래를 불렀고, 그 바람에 입에 물고 있던 치즈가 땅에 떨어졌다. 여우는 이 순간을 기다렸다는 듯이 즉시 치즈를 물고 도망갔다는 이야기가 있다.

🎯 칭찬하는 습관 익히기

▸ **좋은 습관**
- 칭찬할 일이 있으면 현장에서 즉시 칭찬한다.
- 구체적으로 칭찬의 내용을 언급하면서 칭찬한다.
- 가능한 한 여러 사람이 있는 곳에서 칭찬한다.
- 결과도 중요하지만 과정도 칭찬한다.
- 진심에서 우러나오는 마음으로 칭찬한다.
- 평소에 남을 칭찬하는 마음자세를 갖는다.

▸ **나쁜 습관**
- 언제나 누구에게나 칭찬만 한다.
- 한참 칭찬한 후에 곧바로 다른 점을 비난한다.
- 곧바로 칭찬하지 않고 한참 지난 후에 칭찬한다.
- 상대방의 나쁜 점을 칭찬한다.
- 속셈이 훤히 들여다보이는 칭찬을 한다.
- 항상 결과만 가지고 칭찬한다.

특별한 관계를 맺는 습관

"정말 오랜만이야.", "연락을 안 한 지 3년은 넘은 것 같아.", "자주 연락 좀 하자."

이런 말을 자주 해보고 들어보았을 것이다. 너무 오랜만에 평소 알고 지내던 사람과 연락을 한 것이다.

대부분의 사람들이 인간관계에서 오류를 범하기 쉬운 것 중 하나가 자신이 평소 알고 지내던 사람과 아주 특별한 관계인 것처럼 이야기하고 믿는다는 것이다. "아, 그 사람은 내가 잘 알아" 하면서 연락한 지 몇 년이 지났음에도 불구하고 무언가 부탁할 일이 있으면 과거에 몇 번 만난 것 가지고 마치 친분이 두터운 것처럼 행동한다.

물론 살다 보면 바쁜 일도 있고 부득이 상대방과 연락하지 못하고 지내는 경우도 있다. 그러나 특별한 인간관계를 맺기 위해서는 자주 연락하는 습관이 매우 중요하다.

우리는 자신이 무언가 필요하다고 생각될 때, 아니 급한 일이 있을 때 과거의 사람을 찾게 된다. "과장님, 오랜만에 연락드렸어요. 그런데 다름이 아니라 갑자기 급한 일이 생겨서……" 하면서 몇 년 만에 연락하고는 이내 부탁하는 말로 이어진다.

과장과는 같은 직장에서 오랫동안 근무했지만 몇 년 전에 그는 개인사업을 하기 위해 직장을 그만두었다. 그러나 개인사업을 하다 보니 여러 가지로 과장에게 부탁할 일이 생긴다. 여태껏 연락을 안 하다가 급한 일이 닥치니까 그제야 허둥대면서 연락한 것이다.

과장의 입장에서 볼 때는 '여태까지 연락하지 않다가 갑자기 연락하다니……' 하면서 오랜만에 연락한 것에 대해 좋은 감정을 갖는 것이 아니라 '혹시 이 사람이 사업을 하다가 부도라도 난 것 아닐까?', '혹시 내게 보증이라도 서달라고 하면 큰일인데'라고 생각하면서 좋지 않은 감정으로 대하게 된다.

그런 생각을 하는 것은 당연하다. 지금까지 무엇을 하고 어떻게 지냈는지 전혀 모르는 상태에서 무슨 상상인들 못하겠는가.

평소 자주 연락하면 자신이 현재 무엇을 하고 있는지 자연스레 상대방에게 알릴 수 있고, 내가 필요로 할 때 상대방도 내 의견을 믿고 따라줄 수 있다.

"박 과장님, 잘 지내시죠?", "미숙아, 이번 동창회에 가보니 작년과는 달리 새로운 애들이 많이 나왔던데" 하면서 자주 연락한다.

물론 자주 연락하다 보면 "이 친구는 한가한 모양이군. 전화를 자주 해"라면서 핀잔을 주는 친구나 선배도 있겠지만, 그래도 연락을 안 한 것에 비하면 훨씬 좋은 관계를 맺을 수 있다는 사실을 명심하자.

자주 연락하지 않고 오랜만에 연락했다면 또 어떤 피해를 볼 수 있는지 생각해보자.

만약 급하게 부탁할 중요한 일이 생겼다면 단지 전화 한 통화나 한 번 만나는 것으로는 해결되지 않는다. 왜냐하면 자신의 처지를 알릴 수 있는 시간적 여유가 없기 때문이다. 평소 꾸준히 연락하고 관계를 돈독히 유지했다면 별 문제가 되지 않는 일도 그동안 연락을 하지 않았기 때문에 상대방이 당신에 대해 생각할 시간이 필요한 것이다.

그러나 너무 자주 연락하는 것도 인간관계에서 썩 좋은 습관이 아니다. 그리스 철학자 디오게네스는 '사람을 대할 때는 불을 대하듯 하고, 다가갈 때는 타지 않을 정도로, 멀어질 때는 얼지 않을 만큼'이라고 했다. 그만큼 인간관계를 맺는 일이 쉬운 것은 아니다.

그러나 특별한 인간관계를 맺기 위해서 가장 기본적으로 필요한 것은 평소 자주 연락하는 것이다. '사람은 안 보면 멀어진다'는 속담도 있지 않은가.

평소 알고 지내는 모 일간지 기자는 생각이 날 만하면 문자 메시지를 보내 안부를 전한다. 필자는 그때마다 답장을 보내 고맙다고 한다. 다른 사람보다 필자에게 특별히 자주 연락하는 것은 아니지만 생각날 때마다 문자로 안부를 전하는 그 기자가 너무 좋다.

🎯 특별한 관계를 맺기 위한 습관

- 평소에 자주 연락한다.
- 생각이 날 때마다 문자로 안부를 전한다.
- 명절이면 한 번씩 찾아간다.
- 부탁이 없을 때도 연락한다.
- 급할 때 연락하면 상대는 오해를 한다.
- 메모지에 적혀 있는 전화번호를 한 번씩 정기적으로 검토하여 연락한다.
- 생각나는 사람이 있으면 전화 한 통화 하는 것으로 하루를 시작하라.

웃으면 행복해진다

대부분의 사람들은 웃는 모습을 보고 상대방의 기분을 파악한다. 얼굴에 나타난 빛깔과 느낌으로 '얼굴이 상당히 밝은데' 하면서 기분이 아주 좋다고 판단한다. 반대로 얼굴이 어둡거나 찡그리면 '왜 그렇게 못마땅한 얼굴이야' 하면서 상대방과 대화하기를 꺼린다.

웃음에 대한 연구는 많이 나와 있다. 종합해보면 웃음은 의학적으로 만병통치약이라는 것이다. 웃음으로 암도 치유할 수 있다고 하니, 웃음의 괴력이 얼마나 큰지 짐작할 만하지 않은가.

18년이라는 오랜 세월 동안 웃음을 연구한 미국의 리버트 박사는 웃음을 터트리는 사람의 피를 뽑아 분석을 해보았더니 종양세포를 죽이는 킬러 세포killer cell가 많이 생성되어 있었다고 한다.

뿐만 아니라 웃음은 부교감 신경을 자극해 심장을 천천히 뛰게 하여 심장을 튼튼하게 한다고 한다. 그래서 매일 스트레스를 받는 사람은 반드시 많이 웃도록 노력해야 한다. 웃음은 긴장을 완화시켜 심장마비 같은 돌연사도 막을 수 있기 때문이다.

윌리엄 제임스는 "우리는 행복하기 때문에 웃는 것이 아니고 웃기 때문에 행복하다"고 하였다. 웃음이 내포하는 의미를 한마디로 함축한 것이다. 매일 행복해서 웃는다면 그것보다 좋은 일이 어디 있겠는가. 그러니 행복하기 위해서는 억지로라도 웃음거리를 만들어야 한다.

웃음이 의학적으로 인체의 건강에 큰 효과를 준다는 사실도 입증되었지만, 무엇보다 인간관계에서 웃음은 아주 중요하다고 할 수 있다. 상대방이 열심히 웃기는 이야기를 하고 있는데 인상을 팍 찡그린 채 앉아 있으면 그것보다 거북한 것은 없다. '웃지도 않고 신경질적인 모습만 보이네' 하면서 이상한 사람으로 생각할 수 있다. 즉, 집에서 부부싸움을 하고 왔거나 심신이 괴로울 것이라고 판단한다는 것이다.

항상 웃는 얼굴을 하면 주변에 따르는 사람이 많아진다. 웃는 사람 옆에 가면 편안하기 때문이다. 그러나 자칫 웃음이 상대방에게 잘못 전달되면 오해를 받을 수도 있다.

건장한 남자가 "헤헤헤"라고 웃었다면 '아니, 체구에 맞지 않게' 하면서 황당하게 생각한다. 웃음소리가 마음에 들지 않기 때문이다. 반면에 "하하하"라고 크게 웃으면 아주 호탕한 성격으로 생각하고 금방 친해질 수 있다. 일찍이 링컨은 "만일 내가 웃지 않는다면 나는 이미 죽은 지가 오래되었을 것이다"라고 한 것만 보아도 살아가면서 웃음이 매우 중요하다.

사람들은 웃는 모습을 보고 '성격이 호탕하다, 조금 이중적이다, 속이 없어 보인다, 기분 나쁘다'라고 생각한다. 그렇다고 모기 목소리만하게 "히히히"라고 웃는 사람이 갑자기 "하하하"로 바꿀 수는 없지 않은가. 물론 노력하면 되겠지만 말이다.

하지만 웃음소리는 사람의 성격, 목소리, 취향 등에 따라 다른 소리가 나기 때문에 갑자기 바꾸기란 쉽지 않다. 한 가지 분명한 사실은 상대의 말에 기분 나쁘지 않게 웃는 모습이 중요하다. 도스토예프스키도 "사람의 웃는 모양을 보면 그 사람의 본성을 알 수 있다"라고 했다. 그만큼 웃을 때도 태도가 중요하기 때문이다.

웃음과 관련한 군대시절의 이야기를 하나 소개하고자 한다. 과거에는 매주 토요일에 내무반 검사가 있었다. 그런데 우리 소대에 조금 특이한 사병이 있었는데 그는 웃음을 참지 못하는 성격이었다.

내무반 검열시간이 되면 대부분의 사병들은 조용하게 검열을 받는다. 그런데 그 사병은 조용하고 적막한 내무반에서 무엇을 생각하는지 몰라도 웃는 것이 아닌가. 그 사병으로 인해 전체가 단체기합을 받은 적도 여러 번 있었으나 쉽게 고쳐지지 않았다.

그의 말에 따르면 군대 오기 전에도 웃음 때문에 고민이 많았다고 한다. 보통은 웃음이 나오는 대화나 장면을 보아야 웃음이 나오는데 그는 평소 자주 웃는 습관으로 인해 선배가 말하는데도 웃음을 참지 못해 엄청나게 많이 두들겨 맞기도 했다고 한다. 물론 아주 오래전의 이야기다.

웃음은 평소의 습관에서 나온다고 할 수 있다. 평소 웃음에 인색한 사람이 웃는 모습을 보인다는 것은 그리 쉽지 않다. 많은 노력이 들어가는 것이 웃음이다.

잘 웃으려면 주변에 잘 웃는 사람과 친해지려는 노력이 필요하다. 인상만 팍팍 쓰고 매사 신경질적인 얼굴을 하고 있으면 주변 사람들을 내쫓는 것과 다름없다.

◎ 웃는 습관 들이기

- 매일 거울 앞에서 웃는 모습을 연출해보자.
- 거울이 보이면 습관적으로 짧게 웃는 연습을 하자.
- 개그 관련 책을 읽고 혼자라도 열심히 웃어보자.
- 주변에 잘 웃는 친구와 사귀어보자.
- 재미있는 코믹 영화는 가능한 한 놓치지 말고 관람해보자.

자신을 낮추는 표현에 익숙하자

"죄송합니다, 미안합니다, 실례합니다."

이런 말을 요즘 자주 듣지 못하고 있다. 대화를 하는 데 있어 가장 기본이 되는 말인데도 불구하고 말이다.

특히 "죄송합니다"는 일본 사람들이 즐겨 쓰는 말이다. 호텔에서 근무할 때 많은 일본인 고객들을 상대하면서 가장 많이 듣는 말이 "스미마셍죄송합니다"이었던 것 같다.

일본인 고객은 "호텔에 객실이 있습니까?"라고 물으면서 처음에 하는 말은 "죄송합니다"로 시작한다. 사실 호텔에 객실이 있냐고 묻는데 죄송할 이유가 없지 않은가.

뿐만 아니라 엘리베이터를 타기 위해 줄을 서서 기다리고 있는 동안에도 "죄송합니다"라는 말을 들을 수 있다. 엘리베이터에 타면서 "스미마셍"이라고 한다.

이렇듯 일본 사람들은 언제 어느 장소에서도 이런 말을 자주 사용한다. 그러나 사람들은 대부분 "죄송합니다"는 실수를 했거나 잘못한 경우에 사용하는 말이라고 생각한다. 잘못을 하지 않았는 데도 "죄송합니다"라고 말하는 것은 조금 이상하지 않느냐고 반문할 수도 있다. 그러나 절대 그렇지 않다.

"죄송합니다"라는 말은 상대의 호의를 얻기 위해 노력하고 있다는 의미를 전달하는 것과 같다. 처음부터 단도직입적으로 도와달라고 부탁한다면 상대방은 부탁한 사람에 대해 '버릇없는 사람이군', '상식이 없어', '예의 없는 사람이네'라고 생각할 수 있다.

그러나 "죄송합니다"라는 말은 상대를 존중하는 의미도 있으면서 나를 낮추는 의미도 포함되어 있다. 나를 낮추는 기본적인 대화 문체라고 할 수 있다. 설사 상대방에게 부탁하는 것이 없다 하더라도 자신의 행동에 대해 "죄송합니다"라고 표현하면 상대는 '배려할 줄 아는 사람이군', '예의바른 사람 같아'라며 좋은 인상을 받게 된다.

"죄송합니다"라는 말을 하는데 돈이 들어가는 것도 아니고 자존심이 엄청나게 상하는 것도 아닌데, 대부분의 사람들은 이 말에 인색하다. 그 이유 중 하나는 먼저 "죄송합니다"라고 말하면 자신의 잘못을 인정하는 것처럼 생각하기 때문이다.

하지만 자신이 잘못하지 않았다 하더라도 먼저 "죄송합니다"라고 하면 상대방이 잘못을 한 경우 미안해서 더 어쩔 줄 모른다.

인간관계에서 하찮은 말로 인해 큰 오해가 생기기도 하지만, 생각지도 않은 말로 인해 상대가 감동하거나 미안한 마음을 가지게 되는 경우도 많다. 사람은 감정의 동물이다. 그래서 쉽게 흥분하기도 하고 쉽게 감탄하기도 한다. "죄송합니다, 미안합니다, 실례합니다"와 같은 말을 하지 않아 상대가 흥분하기도 하고, 그 말을 함으로써 감탄하기도 한다.

또 하나 상대방과 대화를 할 때 가장 기분 나쁜 것 중 하나는 명령조의 말투로 상대를 대하는 경우이다. 습관적으로 명령투에 익숙한 사람들이 의외로 많다는 사실에 놀라지 않을 수 없다. "부탁해", "그게 아니라니까", "얼마야?" 이런 명령조의 말을 들으면 상대방은 기분이 좋을 수가 없다.

이런 말을 할 때 정중하고 진지한 표정으로 "죄송합니다만 부탁할 것이 하나 있습니다"라고 해보자. 듣는 사람의 입장에서는 무척 기분 좋고 상대방의 부탁에 대해 관심과 호의를 갖게 된다.

자신을 낮추는 말은 아주 쉽고 누구나 금방 따라할 수 있는 말이지만 평상시 대화를 할 때 잘 지켜지지 않고 있다. 이미 자신도 모르는 사이에 명령조의 말투가 습관화되어 있기 때문일 것이다.

나를 바꾸는 습관은 먼 데 있는 것이 아니라 아주 가까운 곳에 있다는 사실을 명심하자. 평소 대화 중에 "죄송합니다"와 같은 용어를 자주 사용하는 것이다.

🎯 "죄송합니다"라는 말을 습관화하기

• 평소 대화할 때 "죄송합니다"라는 말을 자주 사용한다.

• 상대방에게 부탁할 때는 항상 사용한다.

• "죄송합니다"라는 말은 잘못이나 실수를 인정하는 것이 아니다.

• "죄송합니다"라는 말은 상대방에게 예의를 갖추는 말이다.

• 큰소리로 "죄송합니다"라고 외쳐보자.

남의 말을 잘 들어주는 습관

영국 격언에 '지혜는 듣는 데서 오고 후회는 말하는 데서 온다' 라는 말이 있다. 남의 말을 잘 듣는 것은 그리 쉬운 일이 아니다. 대부분의 사람들은 듣는 것보다는 말하는 것을 더 좋아하기 때문이다.

그러나 주변에서 사람들을 평가하는 것을 가만히 들어보면 말을 너무 많이 한다는 것에 대해 비난하는 소리를 들었지만, 너무 많은 것을 듣는 것에 대해 비난하는 말은 좀처럼 들어보지 못했다.

하지만 사람들은 상대방의 이해와 동의를 구하면서까지 먼저 말을 하고 싶어 한다. "잠깐 제 말 좀 들어보세요"라면서 중도에 남의 말을 가로채는 것이다. 정말이지 얄미워 죽겠다.

그런데 남의 말을 잘 듣는 사람도 있다. 남의 말을 잘 듣는다는 것은 굉장한 인내심이 요구되는 일인데, 정작 말을 하는 사람은 자신이 말을 잘해서 듣는 사람이 열심히 듣는 줄 안다. 듣는 사람은 말을 하고 싶은데도 참고 있을 뿐인데 말이다 .

　듣는다는 것은 영어로 '리스닝listening'이라고 하는데 원래 라틴어의 lisear, 즉 '귀'라는 단어와 tenattention, 즉 '주의를 기울인다'라는 단어의 합성어라고 한다. 라틴어의 표현대로라면 '귀로 주의 깊게 듣는다'는 의미이다. 아무 관심도 갖지 않고 그냥 멍하니 듣는 것이 아니라 상대방의 말에 관심을 갖고 듣는 것이라고 할 수 있다. 독일 속담에 '듣고 있으면 이득을 얻고, 말하고 있으면 남이 이득을 얻는다'라고 하지 않는가.

　대부분의 사람들은 상대방이 말하는 것을 듣기는 하지만 듣는 태도는 여러 가지이다. 듣기는 하되 '그래, 너는 떠들어라' 하고 무시하는 사람, 고개를 갸우뚱하면서 듣는 척하는 사람, 말하는 사람의 핵심 부분만 골라서 듣는 사람, 적극적으로 듣는 사람, 말하는 사람과 공감대를 형성할 정도로 진지하게 듣는 사람 등이 있다.

　그러나 남의 말을 무시하는 사람이나 그저 듣는 척하는 사람은 남의 말을 듣는다고 할 수 없다. 사람들이 이처럼 남의 말을 잘 듣지 않는 이유는 여러 가지가 있다.

　보통 사람들이 1분간 150단어 정도를 말하는데 사람이 열심히 귀담아듣는다면 150단어를 들을 수 있지만, 뇌에서는 이 단어만 듣는 것이 아니라 다른 생각도 뇌에 입력해야 하기 때문이다. 그러므로 실제로 듣는 말은 얼마 되지 않는다고 한다. 나머지는 다른 생각을 하는 것이다. 이런 이유로 인해 사람들은 남의 말을 잘

못 듣는다는 이야기도 있다.

또 한 가지는 상대방이 이야기를 하는 동안 계속 무언가 잘못된 점은 없는지 생각한다는 것이다. 일단 그것이 포착되면 그 내용에 대한 반박의 논리를 펼치기 위한 준비를 한다. 이렇다 보니 머릿속에는 온통 상대방의 말이 끝난 후 자신이 반박할 시간을 기다리느라 남의 말을 못 듣는 것이다. 한마디로 '제발 빨리 좀 말을 끝내라'라고 생각하는 것이다.

다음으로는 듣기보다 말하기를 더 선호한다는 점이다. 남의 말을 잘 듣는 것보다는 말을 하는 것에 더 비중을 두다 보니 남의 말을 제대로 듣지 못하는 것이다.

무엇보다도 심각한 것은 상대방이 말하는 것에 대해 무관심하게 대하는 습관이다. '당신은 말하시오, 나는 관심이 없소' 하면서 무시를 해버리는 것이다. 이런 경우에는 대책이 없다.

상대방의 말을 듣는 것은 상당한 인내력과 관심이 필요하다. 그렇다면 남의 말을 잘 듣는 습관을 익히기 위해서는 어떻게 해야 할까? 우선 말하는 것보다는 상대방의 말을 듣고 질문하도록 하라.

"말씀하신 내용 중에 이해가 안 되는 부분이 있습니다. 자세히 말씀해주십시오"라고 하는 것이다. 대부분의 사람들은 자신이 한 말에 대해 질문하는 것을 무척이나 좋아한다. 질문을 한다는 것은 자신이 한 이야기에 관심을 갖고 있다는 의미로 받아들이기 때문이다.

다음으로는 이야기를 들을 때 인내심을 가지고 들어야 한다. 만약 상대가 자신의 주장과 다른 이야기를 하더라도 끝까지 인내심을 가지고 들어준다. 그리고 상대가 말하는 내용 중에서 자신의 주장과 일치하는 내용이 있는지 찾아본다. 이 부분은 당신에게 좀 더 들을 수 있는 시간을 줄 것이다.

🎯 남의 말을 잘 듣는 습관 들이기

- 먼저 말을 하기 전에 들어라.
- 말하는 사람보다 듣는 사람이 좋은 평을 받는다.
- 듣고 난 후에 반드시 질문을 한다.
- 듣고 말하면 실수가 적다.
- 듣는 사람은 인내가 필요하다.
- 듣는 것이 습관화되어야 한다.

자신만의 매력을 갖는 것이
중요하다

매력Attraction 혹은 appeal이란 뜻을 한마디로 정의를 내리기란 어려운 일이다. 그러나 용어 자체의 뜻으로 해석을 하자면 '사람을 끌어당기는 힘, 사람들에게 호감을 가지게 하는 특징이나 행동'으로 볼 수 있다.

사람들은 여러 가지 형태로 매력을 찾고 있다. 물질적으로 또는 정신적으로 매력적으로 보이려고 노력한다.

물질적인 매력은 상호 주고받거나 아니면 일방적으로 한쪽에서 다른 쪽에 물질적으로 베푸는 것이 아닌가 싶다. 호만스의 사회교환 이론에 따르면 '사회 형태란 적어도 두 사람 사이에서 이루어지는 다소간의 보상과 비용을 수반하는 유형 또는 무형의 교환활동'이라고 한다.

이렇듯 사람은 일방적으로 받기만 할 수는 없다. 만약 주는 것 없이 받기만 좋아한다면 인간관계에서 "저 친구는 공짜만 좋아한다니까" 하면서 주변 사람들이 떠나간다. 사람과 사람 사이에서 주고받는 것은 물질적인 것이 될 수도 있지만 정신적인 것도 상당히 중요하다.

서로 주고받는 것은 서로의 관계를 지속시키는 데 있어 매우 중요하다. 이때 물질적·정신적이라고 하는 것은 만나는 사람과 같이 보내는 시간, 돈, 사랑, 다툼, 시기 등 모든 것을 말한다.

이러한 것을 주고받는 과정에서 서로가 주고받는 것이 마음에 들지 않는다면 원만한 인간관계를 유지하기가 어렵다. "당신이 나한테 해준 것이 뭐가 있어" 하면서 불평불만을 가지게 된다. 그러면 결국에는 매력이 없는 사람으로 비춰질 수 있다.

그러나 한 가지 중요한 것이 있다. 바로 물질적이라기보다는 정신적인 것이다. 그것이 바로 매력이라고 하는 것이다. 매력이 있는 사람이라면 어떤 것을 주고받지 않아도 자연스럽게 상대방에게 좋은 이미지를 심어줄 수 있다.

그러나 배려하고 배려를 받는 계산적인 관계에서 매력을 유지하기란 쉬운 일은 아니다. 상대방이 나에게 특별한 배려를 했다 하더라도 내가 끌리지 않을 때는 상대에게 호감을 가질 수 없는 경우도 많다. "아무리 내게 잘해줘 봐라. 나는 당신한테 관심이 없어"라고 말이다.

그 이유는 바로 호감이다. 호감이란 매력이라고도 표현할 수 있다. "당신은 다른 사람이 가지고 있지 않은 특별한 매력이 있는 것 같습니다"라고 하듯이 매력이 중요하다. 상대를 내 방식대로 끌어

들이려면 나에게서 전파되는 매력 요인이 있어야 한다.

이는 상대방을 끌어당기는 힘으로, 가만히 있어도 매력 있어 보이는 사람이 있다. 그래서 대학을 졸업한 여자가 초등학교를 나온 사람과 결혼하고, 돈이 많은 부자가 가난한 여자와 결혼하는 것을 가끔 주변에서 볼 수 있다. 이는 자신만이 가지고 있는 매력이 있기 때문에 가능한 일이다.

여기서 매력이란 마음씨, 옷차림, 말투, 재치, 에티켓 등 다양한 부분이 될 수 있다. "당신이 상대방을 배려하는 마음은 그 누구도 따라갈 수 없어요"라는 말은 상대방을 배려하는 마음도 매력이 될 수 있다는 뜻이다.

자신만의 매력은 누구든지 만들어낼 수 있다. 특히 상대방과 좋은 인간관계를 맺기 위해서는 말이다. 주변에서 보면 특별한 매력이 있는 것 같지 않은데도 늘 사람들이 모이는 친구가 있다. 그리고 다들 그 친구를 좋아한다. 그렇다고 그 친구가 남들처럼 말을 잘하고 유머가 있는 것도 아닌데 말이다.

그러나 주변 사람들의 말을 들어보면 "그 친구는 남의 말을 잘 들어줘"라고 한다. 평소 말이 많고 유식한 사람보다 훨씬 더 주변에 좋은 친구들이 모인다. 그래서 가끔 가다 "아니, 주변에 왜 그렇게 사람들이 많이 몰려?"라고 물으면 그의 대답은 "나도 모르겠어"이다. 이처럼 그저 남의 말을 듣기만 하는 것도 매력이 될 수 있다.

또한 친한 친구 하나는 술도 못하고 담배도 못하고, 그야말로 남자들이 좋아하는 것은 아무것도 못한다. 그러나 그에게 한 가지 남들이 따라가지 못하는 매력이 있다. 사실 매력이라고 표현하기는 좀 그렇지만 말이다.

그는 노래를 아주 잘한다. 나이가 60대 초반을 넘었지만 20대들이 잘 부르는 노래도 거뜬히 소화할 정도로 노래솜씨가 대단하다. 그런 재주 덕분에 모임에 가면 항상 마이크를 잡고 그의 주변에는 남자, 여자 할 것 없이 모두 모인다.

따라서 자기만의 매력을 한 가지 정도는 반드시 가져야 한다. 누군가 당신에게 "바둑을 둡시다"라고 하면 "저는 못합니다"라고 대답한다. 그러면 "술 한잔 합시다"라고 다시 말하면 "저는 술은 입에 대본 적도 없습니다"라고 한다.

매력적인 요인은 없다 하더라도 기본적으로 인간관계를 형성할 수 있는 매개체가 있어야 하는데, 이 정도면 정말 답답한 사람이다. 상대방이 놀이, 음식, 스포츠, 노래 등과 관련되어 같이 어울리자고 할 때 "저는 못합니다"라고 해보라. 전혀 매력이 없는 사람으로 인식될 것이다.

평소에 나는 어떤 매력을 가지고 상대방과 원활한 인간관계를 맺을 것인지 잘 생각해보자.

🎯 자신만의 매력을 가지기 위한 습관 들이기

• 한 가지 정도는 특기를 가지고 있어야 한다(바둑, 당구, 탁구, 스포츠 등).

• 풍부한 상식을 쌓는다.

• 옷 입는 맵시, 노래 등 다양한 취미를 즐긴다.

• 상대를 편안하게 해주고 상대의 말을 잘 들어준다.

식사 매너도 중요하다

식사 도중 코나 머리를 만지는 사람, 상체를 숙이고 남이 볼세라 음식을 빨리 먹는 사람, 심지어는 다리를 흔들면서 밥을 먹는 사람도 있다. 만약 당신이 비즈니스 차원에서 이런 사람과 대화를 한다고 가정해보라. '이 사람 왜 그래?'라며 이상하게 생각할 것이다.

오래전부터 사람들은 밥을 먹을 때 지켜야 할 습관이나 에티켓을 강조해왔다. 그만큼 음식을 먹는 자세나 태도를 보면 상대가 어떤 사람인지 금방 알 수 있기 때문에 가능한 한 상대방에게 좋지 않은 인상을 심어주지 않기 위해서이다.

특히 냅킨 사용방법은 숙지해 놓는 것이 좋다. 식사 도중에는 냅킨은 무릎 위에 올려놓는 것이 오래전부터 내려온 전통이다. 요즘에는 무릎 위에 올려놓지 않아도 무방하며 잠시 자리를 비우는 경우 테이블 위 또는 의자 위에 놓아도 된다. 냅킨은 접시의 오른쪽, 왼쪽 모두 놓아도 무방하다.

그러나 음식을 먹는 습관은 자신도 모르는 경우가 대부분이기 때문에 평소 잘 관리하지 않으면 큰 낭패를 볼 수 있다.

'아니, 벌써 다 먹었어?'라고 생각할 정도로 상대방은 이제 겨우 숟가락 두세 번 입에 대었는데 벌써 음식을 다 비운 사람도 있다. 마치 군대시절을 연상할 정도로 밥을 빨리 먹는 것이다. 그런 광경을 보고 상대방이 "아니, 군대 왔소? 숨넘어가겠소"라고 지적하기란 쉽지 않다.

더구나 여자와 같이 식사하면서 음식을 빨리 먹으면 이보다 더 매너 없는 사람은 없을 것이다. 그렇게 빨리 식사를 끝낸다면 여자 입장에서 어떤 기분이 들겠는가. 무척 쑥스러워할 것이다. '자기가 무슨 슈퍼맨이야? 왜 그렇게 밥을 빨리 먹어' 하면서 속으로 투덜거릴 수 있다. 또한 미련스럽다고 생각할 수도 있다. 그래서 여자와 식사를 할 경우에는 보조를 맞추라는 것이다.

식당에서 지켜야 할 좋은 매너를 설명하면 다음과 같다. 필자가 오랫동안 호텔에서 근무하면서 경험한 것을 근거로 설명하고자 한다.

첫째, 사전 예약은 필수이다. 제법 큰 식당이나 호텔은 꼭 예약을 하도록 한다. 예약을 하지 않고 가서 식사를 할 수 없는 경우가 생기면 상대방에게 큰 실례이다.

둘째는 고객이나 윗사람을 만나는 경우에는 가능한 한 정장을 하고 호텔이나 음식점에 오는 것이 좋다.

셋째는 호텔 식당의 경우 본인이 직접 테이블로 가서 앉는 것보다 직원의 안내를 받도록 한다. 그리고 좌석에 앉을 때는 남성의 경우 여성이 착석하는 데 도움을 주는 것이 보기에 좋다. 간단하게 의자를 빼주면 여자는 당신에 대해 좋은 인상을 가질 수 있다.

마지막으로 식당에서 메뉴를 선택할 때는 메뉴판을 왼쪽 윗부분부터 차례로 천천히 보는 것이 좋다. 식사의 가격은 비싼 것보다는 중간대의 가격을 선택한다. 너무 비싼 것을 시키면 상대방이 부담을 가질 수 있다는 사실을 명심하자. 또한 여성의 경우 핸드백을 테이블 위에 올려놓는 것은 보기에 좋지 않으니 별도로 맡기든가 의자에 걸어놓는 것이 좋다.

⊙ 좋은 식사 매너 익히기

- 천천히 상대방의 얼굴을 보면서 먹는다.
- 군대처럼 빨리 먹지 않도록 한다.
- 음식을 빨리 먹으면 성질이 급하다는 인식을 심어줄 수 있다.
- 특히 여성과 식사할 경우 보조를 맞추자.
- 식사를 하면서 과도한 손동작이나 몸동작은 피한다.
- 수프나 뜨거운 음료를 먹을 때 후후 불지 않는다.
- 다리나 손을 떨면서 먹지 않도록 한다.
- 음식을 소리 내서 먹지 않는다.

4장

나도 모르는
잘못된 습관 고치기

늘 부르는 호칭이 정확한 호칭인지 다시 한 번 점검하고,
상대방이 들어 기분 좋은 호칭을 부르는 것을 생활화하자.

사소한 말 한마디가
큰 화를 일으킨다

　흥이 나게 대화를 하다 보면 간혹 자신도 모르게 상대방의 마음을 상하게 하는 경우가 있다. 자신은 고의적인 의도가 전혀 없었어도 상대방은 몹시 기분이 나빠 나중에는 강력하게 항의하는 경우도 있다. 그래서 대중연설을 하는 경우나 몇 명이 둘러앉아 대화를 하는 경우에는 조심해야 한다.

　특히 누군가를 처음 소개받는 자리에서 말을 하다 보면 본의 아니게 실수하는 경우가 있다. 예를 들면 "요즘 젊은이들도 대머리가 많다고 하던데"라고 말하는 순간, 머리가 벗겨진 사람이 앞에 앉아 아무 말 없이 자신을 응시하고 있는 것이 아닌가. '아차' 하며 얼른 말을 중단해보았자 이미 물 건너간 것이다. 그렇다고 "죄송합니다. 그만 실수로⋯⋯"라고 말할 수도 없는 일이다.

　상대방은 이미 너무도 마음 아파하고 있다. 물론 사람에 따라 이런 말을 듣고도 가볍게 넘어가는 사람도 있지만 말이다. 처음

보는 자리라면 특별히 신중했어야 하는데 그만 큰 실수를 한 것이다. 이왕이면 '대머리'라고 표현하는 것보다는 "요즘 스트레스로 인해 젊은이들도 머리가 빠지는 사람이 많다던데"라고 말했다면 좋았을 텐데.

대화를 할 때 나름대로 금기해야 하는 화제는 피하는 것이 좋다. 예를 들면 "나는 전에 교회를 다녔지만 지금은 절에 다니고 있는데 마음이 아주 편합니다"라고 말했다고 하자. 독실한 기독교 신자가 이 말을 들었다면 기분이 좋지 않을 것이다. '절에 가면 마음이 편하고 교회에 가면 마음이 편하지 않다는 말인가?'라는 의미로 받아들일 수 있기 때문이다.

대화를 나눌 때 피해야 할 습관이 있지만 실제로는 잘되지 않는 것이 바로 이 문제이다. 사람마다 대화를 할 때 나름대로의 스타일이 있다. 즉, 자신이 좋아하는 말과 싫어하는 말이 있다. 그러나 중요한 것은 자신의 기준에 의해 좋아하는 말이 아니라, 상대방의 기준에서 좋아하는 말이 되어야 한다.

사람의 신체나 종교에 대한 말은 피해야 할 주제, 즉 금기하는 주제라고 보면 된다. 뿐만 아니라 민감한 정치 문제, 사람의 외모, 특히 '키가 크다, 키가 작다, 몸이 뚱뚱하다, 홀쭉하다'라는 표현은 신중해야 한다.

사람을 처음 만나는 자리에서 바로 앞에 앉아 있는 사람이 뚱뚱한데 "요즘 비만 인구가 늘어나고 있다고 하네요. 큰일입니다. 원인은 많이 먹어서 그렇다네요"라는 말을 했다면 상대방은 상당히 기분 나쁠 것이다. '그래, 나 뚱뚱하다. 어쩔래'라고 반감을 가질 수 있다. 괜히 주제를 잘못 선정하여 곤혹을 치르는 것이다.

또한 상대가 무엇을 하는 사람인지 모를 때는 직업에 대해서도 신중해야 한다. 또 한 가지 명심할 것은 우리나라는 오래전부터 지방색이 뚜렷해서 대화할 때 지방색을 드러내는 말을 삼가야 한다. "말투를 들어보니 경상도 아닙니까?" 정도는 괜찮지만 괜스레 경상도 사람에 대해 평가한다거나 강원도 사람을 평가하는 식으로 이야기가 전개되면 큰 곤혹을 치를 수도 있다.

사소한 말 한마디로 인해 오해와 반감이 일어난다는 사실 역시 명심해야 한다. 또 중요한 것은 이 사람은 어떤 말을 해도 너그럽게 받아넘길 것이라고 생각해서 농담이나 유머스러운 말을 함부로 해서는 안 된다는 것이다.

당신은 상대가 이해할 것이라고 생각하지만, 당신 앞에서는 당신이 한 말에 대해 같이 웃으면서 가볍게 넘어가는 것 같지만, 속으로는 '이 사람, 웃으면서 좋게 대하니까 정말 구제불능이군' 하면서 다음번에는 당신을 만나기를 꺼릴 수 있다는 것이다. 바로 말 한마디 때문이다. 그러나 대부분의 사람들은 이런 사실을 망각하고 있다.

사람과 만나서 이야기를 할 때는 주변을 둘러보고 순간적으로 판단하라. '흠, 장애인도 앉아 있군', '앞에 앉아 있는 사람은 몸이 굉장히 뚱뚱하네'라고 속으로 생각하라는 것이다. 그리고 대화 중에 장애인이나 몸이 뚱뚱한 것을 주제로 말하지 않도록 주의를 기울인다.

만약 이런 주의에도 불구하고 상대를 기분 나쁘게 하는 말을 자신도 모르게 했다면 대화가 끝나는 시점에서 정중하게 사과하는 것이 좋다.

"제가 말을 하는 도중에 실수를 한 것 같습니다. 대단히 죄송합니다."

상대방이 전혀 개의치 않는다면 그냥 넘어가도 되지만, 자신이 한 말에 상대방이 조금이라도 기분 나빠하는 것 같으면 반드시 정중하게 사과를 해야 한다.

사람들과 좋은 관계를 맺는 것이 쉬운 일은 아니다. 평소 대화를 하는 습관 중에서 반드시 피해야 할 금기사항은 가능한 한 언급하지 않으면서 말을 재미있게 할 수 있도록 노력해야 한다.

🎯 금기해야 할 주제 피하는 습관 들이기

- 신체, 종교, 지방색, 정치 등과 같은 주제는 가능한 한 피한다.
- 말을 하기 전에 주변에 어떤 사람이 있는지 먼저 파악해둔다.
- 말을 하면서 듣는 사람의 얼굴 표정을 잘 살펴본다.
- 친한 친구일수록 금기하는 대화는 하지 않는다.
- 저 사람만은 모든 걸 이해해줄 거라고 멋대로 판단해선 안 된다.

싸움을 불러일으키는 말

"당신 뭐하는 사람이야?", "당신 왜 이렇게 많이 먹어?", "너무 말랐군."

이런 말은 상대방을 아주 기분 나쁘게 하는 말이다. 무심코 내뱉는 말이 상대방의 자존심을 건드리는 것이다.

좋은 말이 얼마든지 많은데도 습관처럼 이런 말이 나오는 사람은 구제불능이다. 인간관계에서 상대방의 자존심을 상하게 하는 것만큼 기분 나쁜 일은 없다. 그러나 습관적으로 이런 말을 자주 사용하는 사람은 자신도 의식하지 못한 채 이런 말이 나오는 것이다.

상대방과 단둘이 있을 때라면 그런대로 봐줄 수 있다. 하지만 여러 명이 있는 데서 이런 말을 함부로 한다는 것은 나쁜 습관이 몸에 배어 있는 사람이다.

최근 언론 보도에 따르면 아주 사소한 말 한마디로 인해 살인을 한 사람도 있다. "뭐야, 네까짓 게 뭘 안다고?"라는 말 한마디에 사람을 죽인 것이다. 자신의 감정을 다스리지 못하는 사람들이 의외로 많이 있다. 이런 유형의 사람들과 말을 할 때는 항상 조심해야 한다.

자존심을 상하게 하는 것보다 사람을 더 화나게 하는 일은 없다. 하지만 놀랍게도 일상적인 대화에서 언어 사용에 나쁜 습관을 가지고 있는 사람이 의외로 많다.

신년 첫날에 운수를 보기 위해 역술가를 찾아간 신혼부부는 역술가에게 "아니, 그 유명한 점쟁이 아니십니까?"라고 한다. 이 말을 들은 역술가는 "무슨 말씀을 그리 하십니까?"라고 하지만 정작 이런 말을 사용한 신부는 전혀 알아듣지 못하고 있으니 안타까운 일이다.

사람의 자존심을 건드리는 말은 이외에도 상당히 많다. 마을버스를 운전하는 기사 아저씨에게 "운전수 아저씨, 영등포 갑니까?"라고 묻는다. 아니, 좋은 말도 얼마든지 많은데 왜 운전수라고 하는 것인지 모르겠다. 아마도 습관이 되었기 때문에 그런 말을 사용한 본인도 자신이 잘못했다는 걸 모르는 것이다. 이왕이면 "기사 아저씨, 영등포까지 갑니까?"라고 물어보자. 기사 아저씨는 운전수라는 말보다 훨씬 부드럽고 예의를 갖춘 말에 흐뭇해할 수 있다.

은연중에 우리는 윗사람에게 "내가 하겠습니다"라는 말도 자주 사용한다. 그러나 "제가 하겠습니다"라고 말해보자. 윗사람이 들을 때 훨씬 더 기분이 좋다. 까다로운 사람을 만나면 대수롭지 않은 말에도 상당히 기분 나빠 한다는 사실을 명심해야 한다.

말의 표현은 분명히 '어'라는 말과 '아'라는 말이 다르다. '미안합니다'라는 표현보다는 '죄송합니다'라는 말이 훨씬 다정다감하고 진심으로 마음에서 우러나오는 것 같은 느낌을 준다. 특히 윗사람에게는 말이다. "전화해주세요"라고 하기보다 "전화 부탁드리겠습니다"라고 하는 것이 훨씬 더 예의를 갖춘 말이라고 할 수 있다.

말을 하면서 또 한 가지 조심할 것은 말을 함부로 하지 말라는 것이다. 상대방이 외국인이라 해도 말이다. 요즘은 외국인도 한국어를 잘 구사한다.

호텔에서 근무할 때의 일이다. 하루는 얼굴이 아주 까만 흑인이 호텔에 등록을 하고 있었다. 마침 그 자리에서 흑인의 등록을 받던 호텔 직원이 상대방이 알아듣지 못할 것이라고 생각하여 "이 자식, 얼굴이 참 검네"라고 했다. 그 말이 떨어지기가 무섭게 흑인은 눈을 부라리며 "너 지금 뭐라고 했어?"라는 것이 아닌가. 옆에 있던 나도 너무 놀랐다. 지금도 그 순간을 생각하면 무서울 정도다. 체격도 엄청나고 손도 일반인의 두 배 정도로 큰 사람이 버럭 화를 냈으니 얼마나 무서웠겠는가.

상대방이 들어 기분 나쁜 말을 자주 사용하는 사람은 습관이 되어 있기 때문에 쉽게 고치지 못한다. 그러나 상대방과 말할 때마다 자신이 혹시 기분 나쁜 말을 하는 것은 아닌지 신중하게 생각하고 항상 조심해서 말하는 습관을 들여야 한다. 그리고 상대방이 들어서 기분 좋은 말과 기분 나쁜 말을 별도로 익혀두고 평소의 대화 습관에서 기분 좋은 말을 사용한다.

자신도 인식하지 못하는 나쁜 습관은 노력하기만 하면 얼마든지 고칠 수 있다. 말 한마디로 평생 원수가 되는 경우도 있으므로 이런 습관은 하루빨리 고치도록 한다.

◎ 기분 좋은 말을 하는 습관 들이기

- 윗사람에게는 평소에 반드시 존칭어를 사용한다.
- 기분 나쁜 말과 기분 좋은 말을 알아두도록 하자.
- 말을 하기 전에 존칭어를 사용하겠다고 마음속으로 생각한다.
- 자신의 말을 녹음하여 들어보고 문제점을 찾아본다.
- 직업을 나타내는 표현은 신중해야 한다.

보이지 않는다고 비난하지 말자

"그 사람 신경질적이고 상대하기가 힘들어.", "만나는 사람마다 싸움을 거니까 상대도 하지 말라고……."

이런 말을 가만히 분석해보면 제3자를 아주 얕잡아보거나 욕하는 말이다. 상대와 단둘이 이야기하는데 왜 제3자를 욕하는지 모르겠다.

물론 상황에 따라 다른 사람을 욕하기도 하고 흉을 볼 수도 있다. 그러나 만나는 사람마다 습관적으로 남의 흉을 보거나 남이 가지고 있는 단점만 파헤치며 아무 거리낌 없이 말하는 사람들이 있다.

이 말을 듣고 있는 상대방은 "그런 말을 하면 안 돼요"라고 하기가 쉽지 않다. 그러나 속으로는 '아니, 이 사람이 다른 사람을 욕하는 것을 보니 내가 없는 데서 나를 욕하겠군'이라고 생각할 수 있다.

당신이 제3자를 욕하거나 흠을 들추어내면 그 말을 듣는 사람이 상황에 따라 당신에 대해 절대 좋은 이미지를 갖기 어렵다는 사실을 명심해야 한다. 상대방은 참을 수 없을 정도로 불쾌할 수도 있다.

평소 잘 아는 선배 한 분이 있는데 이 분은 누가 보아도 실력이 뛰어나다. 게다가 상당히 미남이며 후배들에게도 잘해주는 선배이다. 그러나 주변 사람들에게 잘해주는 선배의 노력에도 불구하고 선배를 보는 사람들의 평은 좋지 않다.

그 이유 중 하나는 "선배님은 다 좋은데 대화를 하다 보면 항상 남을 험담하거나 부정적인 시각으로 평가해"라는 말이 확 퍼진 것이다. 주변 사람들은 선배의 뛰어난 외모와 실력에도 불구하고 만나기를 꺼려한다.

문제는 선배의 습관이다. 남을 험담하는 습관을 자기 자신은 전혀 모른다는 것이다. 한참 이야기해놓고도 자신이 어떻게 말했는지, 남을 험담한 것이 잘못된 일인지조차 분간하지 못하는 경우도 많다. 그저 습관일 뿐이다. 실로 안타까운 일이다.

그런데 이런 유형의 사람들은 자신이 남을 욕할 때 상대방이 맞장구를 치면서 들어주기 때문에 더욱 기가 살아서 말한다. "그 자식 형편없어"라고 말하면 이내 "맞아, 한번 크게 손을 봐줘야 돼"라면서 한수 더 뜨는 사람도 큰 문제라고 할 수 있다. 물론 대화란 맞장구를 쳐주는 사람이 있어야 흥도 나지만 말이다.

만약 욕을 하고 흠을 잡아야 할 이유가 반드시 있는 사람이라면 그렇게 해도 큰 문제는 없다. 그러나 단지 자신과 잘 맞지 않는다고 욕을 하는 경우도 비일비재하기 때문에 문제가 되는 것이다.

남을 험담하거나 욕하는 사람에게는 더 큰 문제가 또 하나 있다. 소문은 날개를 달고 금방 퍼져나간다는 점이다. 그래서 소문이 무섭다는 것이다. 처음에 본인이 한 말과 한 바퀴 빙 돌아서 다른 사람에게 전달되는 소문은 엄청난 차이가 있기 때문에 더 큰 문제가 된다. 소문의 발원지에서는 쥐를 본 것을 가지고 나중에는 호랑이를 보았다고 소문이 난다.

물론 좋은 소문이야 많이 퍼져 멀리까지 가면 좋고, 덤으로 더 좋은 말이 붙어서 소문이 나면 더욱 좋은 일일 것이다. 그러나 나쁜 소문이 확대되는 것은 큰 문제가 되어 결국 소문을 퍼뜨린 사람에게까지 다시 돌아온다. 그래서 '누워서 침 뱉기'라고 하지 않는가.

다른 사람을 험담하는 습관을 버리기 위해서는 처음부터 다른 사람을 입에 올리지 않는 것도 한 방법이다. 주제는 얼마든지 있다. 군이 사람을 주제로 하여, 그것도 험담과 욕설을 주제로 하여 대화를 할 필요는 없다.

"박 과장은 능력이 너무 없어. 아주 형편없는 자식이야"하기보다는 "박 과장은 요즘 힘든 일이 있는 모양이야. 고민거리가 있나?"라고 넌지시 능력과는 별개의 차원에서 대화를 해야 한다.

🎯 남을 험담하지 않는 습관 들이기

- 말하면서 사람을 평가하는 습관을 버려라.
- 아무리 욕설이나 험담을 하고 싶어도 혼자 마음속으로 한다.
- 소문은 날개를 달고 살이 쪄서 달린다는 사실을 잊지 않는다.
- 항상 주변 사람을 칭찬하는 습관을 길러라.
- 남 앞에서는 절대 다른 사람의 단점이나 약점을 들추지 않는다.
- 남을 욕하면 반드시 나에게도 욕이 돌아온다.

상대방을 화나게 하는 휴대폰 통화

요즘 휴대폰이 없는 사람이 없다. 어디서나 통화가 가능한 시대이다 보니 산과 들, 강에서도 사람들은 통화를 한다. 심지어는 사람들의 인적이 드문 산골짜기에서도 휴대폰은 필수품이 되어가고 있다.

휴대폰이라는 통신기기가 등장하여 사람들의 통화를 증가시켰을 뿐만 아니라, 일상생활이나 비즈니스에서도 커다란 편리성을 가져왔다고 할 수 있다. 그러나 휴대폰의 기능상 편리함에도 불구하고 휴대폰을 잘못 사용하여 상대방에게 피해를 주거나 에티켓에 어긋나는 경우도 비일비재하다.

"여보세요, ○○○ 씨 휴대폰입니까? 다름이 아니라……" 하면서 상대방에게 휴대폰을 거는 것은 크게 잘못된 일이다. 마침 휴대폰을 받은 당사자는 그 시간에 상담을 하고 있는 중인데, 휴대폰을 건 사람은 다짜고짜 자기 말만 하는 것이다.

적어도 에티켓이 있는 사람이라면 "죄송합니다만 ○○○ 씨 휴대폰입니까?"라고 말한 다음 곧바로 "지금 통화가 가능하신지요?"라고 물어봐야 한다. 휴대폰을 받는 사람이 현재 무엇을 하고 있는지 전화를 건 사람은 알지 못하기 때문이다. 운전 중인 경우도 있고 긴급회의를 할 수도 있다. "지금 통화가 가능하신지요?"라는 말 한마디로 상대방은 기분이 좋을 수 있다. 상대방을 배려하는 자세를 보여주기 때문이다.

일상생활에서 휴대폰뿐만 아니라 전화통화를 하는 데도 상당한 예의가 요구된다. 전화통화는 상대방을 볼 수 없으므로 상대방의 목소리만 듣고 파악해야 한다. 전화벨이 울리자마자 "누구세요?" 하는 사람도 있다. 참으로 황당한 말이 아닌가.

또한 전화를 거는 사람이 누구인지 먼저 밝혀야 하는데도 첫마디가 "나야"라고 하는 사람도 있다. 내가 누구인지 상대방이 잘 알고 있으면 문제가 없지만 그렇지 않은 경우라면 굉장한 실례이다.

전화를 받을 때 예쁜 목소리로 매너를 갖추어서 받으면 대부분의 사람들은 '인상이 아주 좋겠는데. 목소리가 아름다운 것을 보니 미인이겠어'라고 생각하는 경우가 종종 있다. 그리고 목소리에 홀려 그날은 기분이 좋다. 얼굴도 보지 않은 채 목소리 하나만 가지고도 상대방에게 좋은 이미지를 심어줄 수 있는 것이다. 여기에 "지금 통화가 가능하신지요?"라는 말까지 덧붙인다면 더할 나위 없다.

만약 남자가 예쁜 목소리로 "여보세요, 지금 통화가 가능하신지요?" 했다면 "간지러 죽겠어, 무슨 남자가 이래" 하면서 한참 웃는 사람도 있겠지만, 그래도 목소리가 우락부락한 것보다는 훨씬 더 정감이 있고 매력 있다. 예쁘고 예의바른 목소리는 남성이라도 좋은 이미지를 갖게 된다.

휴대폰으로 아주 큰소리로 말하는 사람도 적지 않다. 특히 지하철이나 공공장소에서 큰소리로 "그래요, 맞습니다. 여보세요, 안 들려요" 하면서 말이다. 그래도 이 정도는 참아볼 수도 있다. 많은 사람들이 조용하게 공연이나 영화를 관람하고 있는데 휴대폰 벨이 울리는 사람도 있다. 참으로 한심한 사람이다.

휴대폰이 편리하긴 하지만 휴대폰으로 인해 당신의 이미지를 훼손시킬 수 있다는 사실을 명심해야 한다. 요즘 휴대폰으로 인해 소음공해까지 언급할 정도로 휴대폰 예절에 대한 이야기가 많이 나오고 있다.

🎯 휴대폰 통화 예절 익히기

- 반드시 "지금 통화가 가능하신지요?"라고 먼저 물어본다.
- 공공장소에서는 가능한 한 말소리를 낮춘다.
- 휴대폰 벨소리나 컬러링을 너무 크게 해놓는 것은 예의에 어긋난다.
- 상대방이 보이지 않더라도 최대한 예의를 갖추어 휴대폰을 받는다.
- 상대방이 말을 마치기 전에 먼저 끊지 않도록 주의한다.

말을 잘하는 습관,
말을 가려서 하는 습관

지금은 자기 PR시대라고 한다. 자신을 알리는 데 자신이 나서지 않으면 누가 나서겠는가. 그래서 요즘 야단이다. 대학 4학년이 되면 자신을 어떻게 소개해야 할지, 이력서를 어떻게 작성해야 할지 등 자신을 보다 잘 표현하는 데 관심을 두고 있다.

이렇다 보니 서점에 가면 자신을 소개하고 알리는 방법과 관련된 책들이 상당히 많이 나와 있다. 내용을 살펴보면 대부분 어떻게 하면 말을 잘하고 설득력 있게 표현할 수 있는가에 중점을 두고 있다.

주변에서는 말을 잘하는 사람을 부러워하기도 한다. 그러나 말을 잘한다는 것은 한편으로는 위험의 소지가 상당히 많다. 가만히 주시해보자. 최근 몇 년 사이에 말을 많이 해서 구설수에 오르내린 사람들이 얼마나 많은가. 정부의 고위층에 있는 사람이 가만히 있기만 하면 될 것을 말을 해서 문제가 생겼다. 또 요즘에는 TV,

라디오, 기타 각종 전파매체, 특히 인터넷상에서 말로 인해 엄청난 파문이 일고 있다.

왜 그런가? 이유는 간단하다. 말은 한번 입에서 나오면 주워 담을 수가 없기 때문이다. 그러나 평소 주변에서 말을 잘한다고 소문난 사람은 어떤 일이 있어도 말을 하려는 습관이 있다. 말을 잘하는 것과 말을 가려서 하는 것은 엄청난 차이가 있다.

말 많기로 소문난 A씨가 있는데, 그는 말로 인해 친구와 크게 다툰 적이 있다. 사건의 내용은 이렇다. A씨의 친구 B씨는 하는 일마다 잘되지 않아 실패를 거듭했다. 규모가 작은 중소기업체를 운영하면서 평소 동종의 업종을 운영하는 A씨와 자주 거래하는 상태였다.

B씨는 어느 날 기발한 아이디어를 내어 매출이 급성장하였다. 이때 평소 말이 많기로 소문난 A씨가 나타나 "아니, 지금까지 실패만 하더니 김 사장도 이런 일이 생기나?"라고 말하는 바람에 김 사장이 화를 발끈 내고 싸움을 하게 되었다. 평소 소심하고 내성적인 B씨가 이 말을 듣고 벌컥 화를 낸 것이다.

사실 내용을 보면 그렇게 화날 일은 아니다. 그러나 계속해서 실패를 한 B씨의 입장에서는 감정이 극한 상태에까지 가서 평소 말이 많은 친구의 한마디에 화를 낸 것이다.

이밖에 말로 인해 사람을 기분 나쁘게 하는 사례는 많이 있다. 회사에서 한 간부가 결혼하지 않은 여직원에게 "미스 박은 왜 결혼을 안 해요?"라고 말했다. 미스 박의 입장에서는 아주 난감하다. 결혼을 하고 안 하고를 떠나서 "왜 안 해요?"라는 말은 분명 말을 가려서 하지 못한 것이다.

투자의 귀재 워런 버핏은 '습관은 인생을 좌우한다'라고 하였다. 늘상 남이 듣기 불편한 말을 하는 사람은 나쁜 습관이 몸에 배어 있기 때문이다.

사람의 입을 통해 나오는 말도 역시 습관처럼 나올 수 있다는 것을 명심해야 한다. 말을 하기 전에 항상 어떤 말을 해야 상대가 듣기 거북하지 않을까 정도는 생각을 하고 말을 해야 한다.

흔히 우리는 '남자답다, 여성스럽다'라는 말을 자주 사용한다. 물론 들어서 기분이 나쁜 말은 아니다. 주변 사람들로부터 이런 말을 들었다면 기분이 좋을 것이다.

그러나 이런 유형의 말도 가려서 하는 것이 좋다. 여자친구가 옷을 멋지게 차려입고 나온 남자친구한테 다가가 "자기, 이렇게 입으니까 오늘 너무 남자다워"라는 말을 했다고 하자. 남자친구의 입장에서 볼 때는 '아니, 지금까지 내가 여성스러웠다는 말인가'라며 기분이 나쁠 수도 있다. 평소에는 여성스러운 옷을 입고 다녔다는 말과 같기 때문이다.

🎯 말을 가려서 하는 습관 들이기

- 말을 하기 전에 잠깐 생각해보자.
- 말을 많이 하는 것보다 듣는 것에 치중하라.
- '이번에는 말을 하지 말아야지'라고 가끔 다짐한다.
- 말을 하면서 반드시 상대방의 얼굴을 살펴보자.
- 감정과 직결되는 용어는 가능한 한 피한다.

명함을 주고받을 때도
예의가 필요하다

사람을 소개받거나 서로 인사를 나누는 경우 대부분 명함을 주고받는다. 명함은 상대방이 자신을 가장 빨리 파악할 수 있도록 하는 도구라고 보면 된다. 사람을 처음 만날 때 간단하게 "만나 뵙게 되어 반갑습니다"하며 명함을 꺼내어주어 자신을 소개하는 것이 일반적인 방식이다.

명함은 얼핏 생각하기에는 아무것도 아닌 것 같지만 실제로 사람을 소개받을 때 민감한 사람은 명함을 건네주면서 상대에 대한 매너나 사람을 대하는 습관 등을 파악한다.

"죄송합니다. 명함을 깜빡 잊어버리고 사무실에 놓고 왔습니다. 다음번에 만나면 드리겠습니다."

사실 이런 말을 자주는 아니지만 사람을 만날 때 가끔 들어보기도 하고, 여러분도 명함을 깜빡 잊어버리는 경우가 가끔 있을 것이다.

그러나 명함을 집에 두고 온 것은 자신을 집에 두고 온 것과 같다. 사람들에게 일일이 자신을 소개하는 것은 어려운 일이다. 상대방이 바쁜 경우에는 더욱 그렇다.

"저는 ○○회사에 근무하고 현재는 이러저러한 일을 하고 있으며……"라고 모든 사람들에게 말할 수는 없는 일이다. 시간이 많으면 그렇게 할 수도 있겠지만 말이다.

하지만 이런 식으로 자신을 소개한다면 상대방도 똑같은 방식으로 자신을 소개해야 한다는 압박감을 받을 수 있다.

명함을 받지 못한 사람은 '적어도 나를 만나면 명함은 준비하고 나와야지……'라고 생각하면서 상대방에 대해 좋은 감정을 갖지 못한다. 물론 명함을 준비하지 않았다고 해서 상대가 모두 기분 나쁜 감정을 느끼는 것은 아니겠지만 그래도 좋지는 않을 것이다.

또한 명함을 준비해서 상대방에게 건네주고 상대의 명함을 받은 다음 보지도 않고 그냥 주머니에 집어넣는 사람이 있다. '아니, 내 명함을 보지도 않고 주머니에 넣다니, 저런!' 상대방은 이렇게 생각하며 무척 기분이 나쁠 것이다. 그렇다고 면전에서 "명함을 보지도 않고 넣는 것은 실례 아닙니까?"라고 말할 사람이 과연 있겠는가. 명함을 받자마자 상세하게 눈으로 들여다보는 것이 예의이다.

그리고 간혹 모르는 한자도 있다. 그럴 때 그냥 넘어가지 말자. 그 자리에서 "죄송합니다만, 한자가 ○○○가 아닌지……"라고 하면 상대방이 분명하고 정확하게 가르쳐줄 것이다. 괜스레 마음속으로 '한자를 모르니 어떻게 하지? 물어보려니 창피하고' 이런 생각을 가질 필요가 없다. 당연히 물어보면 된다. 오히려 그것이 상대방을 더 배려하고 관심을 갖는다는 표시로 받아들일 수 있다.

한편 명함을 보지도 않고 그대로 주머니에 넣는 것은 그렇다 치고, 자신도 모르는 사이에 상대의 명함을 받고는 이야기하면서 손가락으로 명함을 구기는 사람도 있다. 이는 엄청난 실수를 한 것이다.

그렇다고 "이보세요, 당신 제정신이오? 왜 남의 명함을 구기고 그래? 나와 무슨 감정이 있는 거요?" 이렇게 직접적으로 항의할 수는 없을 테지만 마음속으로는 이런 말을 하고 싶을 것이다.

또한 한참 동안 상대방과 이야기한 후에 마지막에 헤어질 때 명함을 깜박 잊어버리고 테이블 위에 올려놓은 채 그냥 나가는 사람도 있다. 이것은 한마디로 '당신 같은 사람은 더 이상 만나기 싫다'라는 뜻으로밖에 해석할 수 없다.

명함을 주고받으면서 상대를 이해할 수 있다는 사실을 명심하자. 습관적으로 명함을 잊어버리거나 상대의 명함을 놓고 가는 일은 없어야 한다. 아주 하찮은 것이지만 상대방은 무척 기분이 나쁘다는 사실을 잊지 말자.

🎯 올바르게 명함을 주고받는 연습

- 사람을 만날 때는 명함을 잊지 말고 꼭 챙기자.
- 받은 명함은 그 자리에서 이름을 확인한다.
- 그런 다음 지갑이나 명함집에 잘 보관한다.
- 모르는 한자가 나오면 창피하다고 생각하지 말고 즉시 물어본다.
- 명함은 원칙적으로 명함집에서 꺼내어준다.
- 명함을 줄 때는 자신에 대해 간단하게 소개한다.
- 얘기하면서 무의식중에 상대의 명함을 손으로 구겨서는 안 된다.

현장에서 발견한
무례한 인사 습관

인사보다 더 사람을 친절해 보이게 하는 것은 없다. "저 친구는 인사를 아주 잘해" 하면서 인사 잘하는 사람에 대해 좋은 이미지를 가진다.

그러나 인사가 중요하다는 사실은 알고 있지만, 대부분의 사람들이 습관적으로 하지 않는 것이 또 인사다. 어떻게 보면 이해가 되지 않는 부분이기도 하다. "아니, 인사가 중요한데 왜 인사를 안 한단 말이오?"라고 반문할 수도 있지만 어찌됐든간에 인사를 잘하지 않는 사람들이 많은 것은 사실이다.

인사를 잘하지 않으면서 오만방자한 사람을 방약무인傍若無人, 즉 다른 사람을 업신여기고 무시하면서 자기 멋대로 행동하는 사람을 일컫는다. 이는 곧 인사를 잘하지 않는 사람들에게서 많이 나타나는 공동현상이다.

사람들이 인사를 하지 않는 이유를 굳이 꼽아본다면 첫째는 '네가 먼저 인사를 해야지, 내가 어떻게……' 하면서 감정을 앞세우기 때문이다. 여기서의 감정은 바로 자존심을 말한다. 마치 먼저 인사하면 자존심이 엄청나게 상하는 것처럼 생각한다.

물론 어느 정도는 맞는 말이다. 아랫사람이 윗사람에게 먼저 인사하는 것은 당연한 일이 아닌가. 가장 큰 문제는 아랫사람이 윗사람에게 인사를 안 하고 후배가 선배에게 인사를 안 하는 것이다.

그러나 인사라는 것은 원칙적으로 먼저 본 사람이 아는 체를 하는 것이다. 우연히 명동거리를 걷다가 선배가 후배를 먼저 보았다면 "이봐, ○○○, 요즘 잘 지내?"라고 먼저 인사를 건넨다. 그래서 먼저 본 사람이 인사를 하라는 것이다.

이런 것을 두고 자존심이나 찾고 후배가 건방지다고 하는 사람은 없을 것이다. 사람 많은 명동거리에서 후배가 선배를 못 보았는데 먼저 인사를 할 수는 없지 않은가.

인사에도 여러 종류가 있다. 정중하게 웃어른에게 하는 인사, 졸업식, 시상식, 결혼식, 각종 기념식 등에서의 인사가 있다. 이런 경우 인사는 큰 인사를 한다.

그러나 일반적으로 사람을 만나는 경우 아주 큰 인사를 한다면, 그것도 허리를 90도 굽혀서 한다면 '쟤들 조폭 아닌가?'라고 오인을 받을 수 있다. 예를 들어 목욕탕에 가서 아는 선배를 만났는데 허리를 90도로 숙여 "안녕하세요, 선배님"이라고 해보라. 그것도 머리를 빡빡 깎고 말이다. 주변에서 같이 목욕하던 사람들이 하나

둘씩 자리를 다른 곳으로 옮겨갈 것이다. 이렇게 허리를 굽혀 인사를 잘해도 이상하게 생각할 수 있다.

그리고 인사를 하면서 아무 말도 하지 않는 사람도 있다. '나에게 무슨 감정이 있나?'라고 상대방이 생각할 수 있다. 또 숨차게 뛰어가면서 인사를 하는 사람도 있다. 물론 급하다 보면 숨을 헐떡거리며 뛰어갈 수도 있다. 하지만 인사를 받는 사람은 차분하게 인사를 받아야 하고, 인사를 하는 사람도 정숙한 마음으로 인사를 해야 한다.

인사는 많이 하면 할수록 주변 사람들에게 좋은 인상을 심어줄 수 있다. 생활하면서 먼저 인사하는 습관을 길러야 한다. 사람을 만날 때마다 "안녕하세요"라고 해보자. 사람들은 "저 총각, 인사성이 아주 밝아. 사위 삼고 싶은데" 하면서 생각지도 않은 엉뚱한 곳에서 청혼이 들어올 수도 있다.

이뿐인가. 인사를 자주 하다 보면 인간관계에서도 좋은 관계를 유지할 수 있다.

인사라고 해서 반드시 사람을 직접 만나 허리를 굽히는 것만 말하는 것은 아니다. 평소 친한 여자친구에게도 문자를 보내보라.

"자기, 지금 뭐해? 나 지금 자기 생각하고 있어."

이것도 인사다. 이메일로 안부를 묻는 것도 인사다. 지나가면서 얼굴을 마주치면 고개를 숙이는 것도 인사다.

그러나 사람들은 인사가 이렇게 중요한데도 평소 목에 깁스를 했는지, 아니면 허리 디스크가 있는지 인사에 너무 인색하다.

지금부터라도 인사에 인색한 습관을 버리고 만나는 사람들마다 "안녕하세요"라고 인사해보라. 오늘 하루도 재미있고 행복할 것이다. 그리고 인사를 하다 보면 가끔 횡재할 일도 생긴다. 특히 애인이 없거나 장가를 가지 못한 사람이라면 말이다. 왜냐하면 인사를 잘하는 사람에게 호감을 갖기 때문이다.

🎯 인사하는 습관 들이기

- 인사는 형식적으로 하는 것이 아니라 존경심을 가지고 한다.
- 인사하면서 반드시 "안녕하세요"라고 말하자.
- 거울을 보면서 자신의 인사하는 표정을 살펴보자.
- 인사는 많이 할수록 좋다는 생각을 갖자.
- 인사하면서 허리를 지나치게 굽히는 것은 보기에 좋지 않다.
- 항상 먼저 인사한다.

자신도 모르는 잘못된 호칭

이제 막 입사한 신입사원이 옆에 있는 직원에게 다가가 "○○○ 씨, 인사드리겠습니다"라고 하자, 신입사원보다 나이가 6~7세 정도 위인 박 주임의 얼굴이 갑자기 일그러지는 것이 아닌가.

인사를 하였기에 성의를 봐서 "만나서 반갑습니다"라고는 했지만 박 주임은 영 기분이 좋지 않다. 신입사원은 박 주임의 얼굴을 보고 기분 상해한다는 것을 눈치채긴 했지만, 자신이 무엇을 잘못했는지 몰라서 옷매무새만 고칠 뿐이다. 혹시나 복장이 신입사원으로서 잘못되었는지 걱정하면서 말이다. 그러나 복장은 아무 이상도 없었다.

나중에 안 사실이지만 나이 차가 5년 이상이나 나는데도 ○○○ 씨라고 부른 것이 박 주임을 기분 나쁘게 한 것이다. "박 선배님"이라고 부르든가, 아니면 "박 주임님" 하고 간단하게 부르면 될 것을 말이다.

이렇듯 호칭을 잘못 사용하여 상대방을 기분 나쁘게 하는 경우가 많다. 그리고 잘못된 호칭으로 상대를 불렀다 하더라도 "그렇게 부르는 것이 아닙니다"라고 지적해주기란 쉬운 일이 아니다. 호칭은 자신이 알아서 부르는 것이다. 물론 상대방의 직책 정도는 미리 알고 있으면 간단하지만, 그렇지 않은 경우도 많기 때문에 호칭을 부를 때는 특별히 조심해야 한다.

보통 기업의 조직도에는 부서마다 근무하는 사람에 대한 직책과 직위를 표시해놓고 있으므로 조금만 신경쓰면 호칭과 직책을 알 수 있다. 신입사원이라면 회사에 들어가서 먼저 해야 할 일이다.

한 신입사원은 회사에 출근한 후 7일째 되는 날 사장과 단둘이 엘리베이터를 타게 되었다고 한다. 그런데 사장은 신입사원을 알았지만, 신입사원은 처음이라서 그런지 사장을 알아보지 못한 것이다.

바로 이 문제로 인해 인사이동이 된 사례도 있다. 더구나 신입사원은 고객을 관리하는 부서에서 근무했다. 사장의 입장에서는 '신입사원이 사장도 못 알아볼 정도면 고객을 어떻게 알아보겠는가'라고 생각할 수 있다. 사장의 얼굴을 몰랐다 해도 그저 간단하게 "안녕하십니까?"라고 인사만 했어도 문제가 없었을 텐데 말이다.

호칭을 정확하게 부르려면 먼저 상대방에 대한 정확한 직책과 직위, 얼굴을 알아야 한다.

또 하나 조심해야 할 것 중 하나는 회사 내에 엄연히 이름과 직책이 있는데도 "과장님, 이 일을 언제까지 해야 합니까?" 하는 경우이다. 이왕이면 성을 붙여 '김 과장님, 오 과장님'이라고 하는 것이 좋다. 물론 과장님이라고 부르는 것은 서로가 터놓고 이야기하는 사이라면 별 문제가 없지만, 그렇지 않다면 상대방이 기분 나빠할 수도 있다.

어디 이뿐인가. 어떤 신입사원은 "과장님이 주문하신 커피 나오셨습니다"라고 한다. 커피에도 존칭을 사용하는가 하면 "박 부장님, 이 보고서는 오 과장님이 지시하신 내용입니다"라고 한다. 박 부장 입장에서는 자신보다 아래인 오 과장의 존칭에 대해 다소 기분이 나쁠 수 있다. 특히 박 부장이 이러한 예의를 엄격히 신경을 쓰는 사람이라면 더욱이 그렇다.

또 상점이나 백화점에 들렀을 때 판매원으로 보이는 20대 정도의 여자에게 '아가씨'라는 말을 자주 사용하는데 이 역시 말하는 사람의 나이에 따라 구분해야 한다. '아가씨'라고 부르는 사람의 나이가 아주 적은 경우에는 듣는 사람이 기분 나쁠 수 있다. 이런 경우에는 간단하게 '언니'라고 부르면 된다.

그리고 은연중에 사용하는 말 중에 '당신', '이보시오'라는 말이 있는데 이 역시 잘못 사용하면 커다란 오해를 불러일으킬 수 있다. 특히 선후배 사이나 나이 차이가 나는 경우에는 큰 싸움이 일어날 수도 있다. "아니, 이 건방진 자식이 뭐라고? 당신?" 하면서 말이다.

이런 말은 연장자가 연하자, 상급자가 하급자, 동년배나 친구들 사이에서 주로 사용하는 말이라는 사실을 알아두자. 본인은 전혀 그런 의도가 없었지만 정확한 호칭을 몰라서 상대방에게 실수하는 경우도 많다. 특히 호칭 문제는 평소 상식을 가지고 있지 않으면 큰코다친다는 사실을 명심하자.

남이 들어 기분 좋은 습관을 가지고 있어야지, 남이 들어 기분 나쁜 습관을 가지고 있다면 문제가 된다. 늘 부르는 호칭이 정확한 호칭인지 다시 한 번 점검하고, 상대방이 들어 기분 좋은 호칭을 부르는 것을 생활화하자.

◎ 올바른 호칭 연습하기

- 올바른 호칭으로 상대방을 기분 좋게 한다.
- 평소에 올바른 호칭으로 주위 사람들을 부르고 있는지 확인하자.
- 회사 내에 올바른 이름과 직급이 있으면 그대로 불러주면 된다.
- 나이와 상황에 따라 올바른 호칭이 있다.
- 존경어, 겸손어 사용에 익숙해져야 한다.
- '당신', '이보시오'라는 말은 함부로 사용하지 않는다.

자신도 모르는 술버릇이
인생을 망친다

"글은 눈을 통하여 들어오고

술은 입을 통하여 들어오니

사랑하는 사람이야 마음을 통하여 들어오지 않겠나

나는 오늘 취하고 싶네

사랑하는 사람과 함께 술로 말일세"

술을 한잔 두잔 하면서 시를 짓는 낭만적인 사람들이 있다. 술을 많이 마시는 사람치고 한때 자작시 한두 편쯤 짓지 않은 사람도 드물 것이다.

그러나 이렇게 젊은 날 술을 많이 마신 탓에 나이가 들어 술로 인해 고생하는 사람들이 적지 않다. 간이나 심장이 상하고, 심지어는 알코올 중독까지 걸려 요양원에 가는 사람도 많다. 모두 젊은 날, 아니 얼마 전까지 술 먹는 나쁜 습관 때문이다. 하기야 술을 마신다고 모두 알코올 중독이 되는 것도 아니고 모두 간이 망가지는 것은 아니지만, 의학적으로 술은 나쁘다고 하니 술 먹는 습관을 고칠 필요가 있다.

요즘 술로 인해 청소년들의 사고가 많이 일어난다고 한다. 외국의 한 조사기관에 따르면 자살을 기도한 젊은이 가운데 69%가 혈액에서 알코올이 검출되었으며, 교통사고 사망 원인을 분석해보았더니 음주가 72%를 차지했다고 한다. 음주로 인한 사고가 실로 엄청나다는 사실을 입증한 것이다.

뿐만 아니라 술은 중추신경계의 활동을 중단시키고 뇌의 일부 기능을 저하시키는 역할을 한다고 한다. 장기적으로 술을 마시는 사람은 술에 대한 내성이 증가한다. 처음에 한 잔 마실 때는 얼굴이 빨개지면서 취했는데, 습관적으로 술을 마시다 보면 두 잔, 석 잔, 심지어 소주 1~2병은 기본이 될 정도로 술에 대한 내성이 급속도로 진전된다고 한다.

또한 술을 습관적으로 마시다가 갑자기 끊는 경우 금단증상으로 인해 손을 떨거나 땀을 흘리기도 한다. 술은 간에서 처리되기 때문에 간 기능을 급격히 저하시킬 수 있다. 말 그대로 중독일 정도로 술을 마시는 경우에는 이런 현상이 발생한다.

어쨌든 술은 몸에 해롭지만 조직생활에서 피하기 힘든 것은 사실이다. 그리고 술을 마시면서 나쁜 습관으로 인해 상대방에게 좋지 못한 이미지를 주는 것도 사실이다.

동료들과 함께 지난밤 술을 마신 후 "박 대리 그 자식, 술 취하니까 왜 그렇게 고함을 지르고 야단이야" 하면서 평소의 박 대리와는 전혀 다른 술버릇으로 인해 사람을 달리 볼 수도 있다. 그리고 다음번에 박 대리가 "술 한잔 합시다" 하면 모두들 피한다.

술로 인한 나쁜 버릇은 고치기가 힘들다. 평소 조용하기로 소문난 김 과장은 술만 마시면 엉엉 운다.

이뿐만 아니라 술을 마셔본 사람이라면 요지경 장면을 다양하게 목격할 수 있다. 주입설출酒入舌出, 즉 평소 조용히 있다가도 술만 마시면 아주 수다스러운 사람이 있다. 방금 전에 했던 말을 계속 반복해서 말하는 사람인데 같이 있는 사람이 매우 피곤하다.

그리고 취노성희醉怒醒喜, 즉 술이 취하면 갑자기 화를 버럭 내면서 주변 사람들을 힘들게 하다가 술이 깨면 갑자기 기분이 좋아 웃는 사람도 있다.

또한 술을 먹고 조그마한 식당에서 이리저리 돌아다니는 사람, 술을 마시다가 아무 말도 없이 사라지는 사람, 괜스레 옆 사람에게 "당신 그러면 안 돼" 하며 시비를 거는 사람 등 술버릇은 말로 설명할 수 없을 정도로 다양하다.

그런데 이렇게 술을 마신 사람들이 다음날이면 "박 대리, 내가 어제 술 먹고 실수하지 않았나?" 하면서 어제의 사건을 전혀 기억하지 못하는 것이 문제이다. 속담에 '공짜 술에 술 배운다'고 한잔 두잔 얻어먹다 보면 말술로 변하는 것이다.

그렇다면 술을 마시지 않는 방법은 없을까? 참으로 힘든 질문이다. 학교생활, 직장생활, 사회생활을 하면서 모임에 가면 으레 술이 기본이기 때문이다. 이런 자리를 피하려고 하면 "미스터 김은 항상 술자리를 피해" 하는 핀잔을 들으며 오히려 스트레스를 받는 것이다.

그렇다면 모임은 피할 수 없겠지만 술을 마시는 것은 전략적으로 피해보는 것이 어떨지? 물론 쉬운 일은 아니지만 말이다. 일단 술을 마시는 습관 중 스트레스를 풀기 위해 술을 마셔서는 안 된다. 오히려 술로 인해 더 많은 스트레스를 받을 수 있다. 즉, 스트레스를 받을 때마다 "에이, 술 한잔 하자" 하면 안 된다는 말이다.

그리고 가능한 한 자신의 표준 주량을 설정하여 마신다. 무턱대고 마시는 것이 아니라 몸에 부담되지 않는 범위 내에서 마시라는 것이다.

또 한 가지는 술을 자주 마시는 사람은 술을 점증적으로 줄이기 위해 슬로건을 내걸고 '술을 마시지 않는 날'을 선포한다. 무슨 일이 있어도 그날만은 술을 멀리하는 것이다.

⊙ 나쁜 술버릇 없애기

- 평소 자신의 주량을 최소로 설정해놓고 마신다.
- 술과 안주를 동시에 먹는다.
- 독한 술은 희석해가면서 마신다.
- 술 마시지 않는 날을 정해두고 꼭 지킨다.
- 술로 인간관계를 맺는다는 생각을 버려라.
- 술버릇이 나쁘면 친구도 도망간다.
- 술에는 장사가 없으니 항상 건강을 생각해야 한다.

당신은 긍정의 사고를
갖고 있는가

"아이고, 죽겠어.", "왜 우리만 이렇게 고생하는 거야.", "힘들어서 그만 해야 될 것 같아."

하루에도 열두 번 이상 이런 말을 입에 달고 다니는 사람이 있다.

아침에 출근한 후 옆 사람과 처음 하는 대화가 "아, 그만 다녀야지. 지겨워 죽겠어"이다. 날씨도 쾌청하고 사무실 분위기도 좋은데 오죽했으면 이런 말을 하겠는지 동정이 가기도 한다.

그러나 문제는 날마다 이런 말을 달고 다녀서 주변 사람들을 화나게 만들고 하루의 기분을 망치게 한다는 것이다. 마치 동반자살이라도 꿈꾸는 듯이 말이다. 이런 사람은 '말이 씨가 된다'는 사실을 알아야 한다.

어디 이뿐인가. 점심을 먹은 후 "방금 먹은 점심식사에 문제가 있나? 배가 아프고 죽겠어" 하며 배가 조금 아픈 것을 가지고 죽는다는 표현까지 해대는 사람이 있다. 그런데 오늘 점심만이 문제가 아니다. 어제 저녁에도 같이 식사를 했지만 역시 똑같은 말을 했다. 이제는 지겨워서 더 이상 들어주고 싶지 않다. 아마도 습관적으로 그러는 것 같기 때문이다.

내일 당장 암으로 죽는다고 해도 오늘 하루 열심히 재미있게 사는 사람도 있다. 하지만 입에서 나오는 말마다 부정적인 사람은 매사 그런 생각을 한다. 영화를 보고 난 뒤 주변 사람들이 영화가 어땠느냐고 물으면 "그걸 영화라고 찍었나? 돈만 버렸네"라고 말한다.

뿐만 아니라 부인이 남편의 생일을 축하해주기 위해 케이크를 사왔다. 간단한 생일 축하식이 끝난 후 케이크를 먹는 순간 남편은 "이 케이크 어디서 사왔어? 냄새가 이상하잖아" 하며 불만을 털어놓는다. 습관적으로 이런 말을 하는 사람들이 의외로 많다.

아들이 숙제를 다 마치고 나서 아빠에게 "아빠, 나 숙제 다 끝냈어" 하면 그 자리에서 "숙제는 당연히 하는 것 아니야?" 하면서 핀잔을 준다. 정말이지 못 말리는 사람이다. 이런 사람 옆에 있으면 너무나도 괴롭다. 음식, 건강, 옷, 생활 전반에 대해 매일 불평을 한다.

혼자 있을 때 그런 불평을 한다면 이해할 수 있다. 점심을 먹고 난 뒤 혼자 사무실에서 "왜 이렇게 배가 아픈 거야? 죽겠네"라고 중얼거리면 누가 뭐라고 하겠는가. 그런데 이런 사람은 혼자 있을 때는 가만히 있다가 꼭 주변에 누군가 사람이 있으면 불평을 한다. 정말 나쁜 습관이다.

에이브러햄 링컨은 "우리는 우리가 행복해지려고 마음먹은 만큼 행복해질 수 있다. 우리를 행복하게 만드는 것은 우리를 둘러싼 환경이나 조건이 아니라 늘 긍정적으로 세상을 바라보며 아주 작은 것에서부터 행복을 찾아내는 우리 자신의 생각이다. 행복해지고 싶으면 행복하다고 생각하라"라고 하였다.

말은 전염병과 같이 쉽게 전염된다는 사실을 명심해야 한다. 평소 친절하고 고운 말 쓰기로 알려진 사람이 눈만 뜨면 욕을 하는 사람과 일 년을 같은 직장에서 보내더니, 이게 웬일인가. 그 천사 같은 말만 하던 사람이 어느 날 갑자기 자신도 모르게 "이 자식, 죽이겠어"하며 돌변해버린 경우도 있다. 한마디로 말이 전염된 것이다.

하루를 시작하기에 좋은 말은 얼마든지 있다. 그런데 굳이 불만스런 말로 하루를 시작해야 되겠는가. 말이 씨가 되기 때문에 "아이고, 죽겠어"라는 말을 달고 다니는 사람은 정말로 죽을 수 있다. 길 가다가 교통사고로 죽든지, 아니면 이상한 사건에 휘말려 큰 사고를 낼 수도 있다.

필자가 평소 알고 지내는 A사장의 이야기를 잠깐 들려주고자 한다. 그는 참치 체인점으로 돈을 많이 번 사람이다. 한번은 업소에 스님이 찾아와 목탁을 두드리기에 손님들도 있고 해서 정중하게 돌려보냈다고 한다.

그런데 웬일인지 그날 이후로 장사가 안 되었다고 한다. 그리고 더욱 힘들었던 것은 밤마다 꿈에 스님이 나타나 목탁을 두드리며 "이 집 장사 안 돼라, 이 집 장사 안 돼라" 하며 염불 외우듯이 외치더라는 것이다.

그날 이후 업소에 스님이 찾아올 때마다 목탁을 두드리기가 무섭게 봉양을 했다고 한다. 그 덕분인지 지금까지 계속 사업이 성공을 거두고 있으니 다행스런 일이라고 한다. 꿈속에서 스님이 말한 것이 정말 현실로 이루어진 것이라고 사장은 생각한 것이다.

◎ 좋은 말 연습하기

- 항상 긍정적인 사고방식을 갖자.
- 주변 사람들에게 불평불만을 하지 말자.
- 나쁜 말은 혼자 가슴속으로 하라.
- 자신도 모르게 나쁜 생각을 하면 실제로 그대로 될 수 있다.
- 가능한 한 사람들에게 부정적인 말을 하지 말자.
- 만나는 사람마다 좋은 말로 시작하자.

여자친구와의 사이에
피해야 할 습관

최근 사귀던 여자와의 갈등으로 인해 남자가 여자친구에게 폭력을 휘두르는 것을 더해 살인까지하는 끔찍한 사고가 자주 발생하고 있다. 사회적으로 큰 문제가 되고 있다는 사실이 언론에 자주 보도되고 있다.

물론 사람마다 다르지만 무엇보다 이런 문제를 피하기 위해서는 처음부터 남자친구를 선택하는 데 있어 조심해야 한다. 얼굴이 잘생겼다고, 그리고 돈이 많다고 해서 모두 좋은 이성 교제가 되는 것은 아니다. 그러나 일단 서로가 좋아지게 되면 상대방의 단점이 보이지 않고 오직 장점만 보이기 때문에 이성간의 교제는 누구도 알 수 없는 것이다.

그러나 가만히 살펴보면 충분히 사전에 상대방을 간파할 수 있다. 우선 여자친구에게 조급한 모습을 보이면서 지속적으로 만남을 요구하는 남성은 피하는 것이 좋다. 그리고 이런 유형의 남자들에게는 한마디를 하면 오히려 역효과가 난다는 사실을 알고 있어야 한다. 특히 불안한 증세를 보이는 남성의 경우 불안감으로 인해 심장박동 증가, 근육 긴장, 스트레스 등 다양한 증세로 이어질 수 있다.

여자친구가 약속시간에 늦게 도착한 것에 대해 한두 번 정도는 그 원인을 물을 수 있지만 지속적으로 물으면 일단 의심의 여지로 보아야 한다. 다소 성격적으로 결함이 있지 않나 생각된다.

또한 다른 남자를 만나고 있다고 의심하는 것 역시 향후에 사귀었을 때 전개되는 상황을 고려한다면 한 번 더 고민해야 할 것이다. 의심이 많은 남성이라면 언제든지 그러한 상황을 만들 수 있기 때문이다.

이성간의 교제는 첫째는 너무 조바심을 가지고 남자친구를 대하지 말고, 충분하게 시간을 갖고 여러 가지 상황을 종합적으로 판단하여 남자친구를 만나야 한다. 남자들은 여자들이 사소한 감정에 쉽게 빠지고 정에 약하다는 사실을 잘 알고 있기 때문에 혹이나 남자가 정에 호소하거나 너무 감성적인 분위기를 처음부터 조성하는 남자는 색안경을 끼고 살펴볼 필요가 있다.

왜냐하면 어느 정도 가까운 사이가 되면 여자의 경우 남자의 감성에 쉽게 접어들어 나중에 더 관계가 지속되면 역으로 여자가 남자의 곁을 쉽게 떠나가지 못하는 경우도 있기 때문이다. 그래서 부모님들이 아무리 말려도 그때는 이미 여성은 남성의 감성적인 면에 빠져들어 쉽게 헤어나오지 못하게 된다.

일찍이 공자는 "진실에 대해서 알고 있는 사람은 진실을 사랑하고 있다고 말해도 좋다. 그러나 진실한 사랑을 하고 있다고 해도 진실을 행하고 있다고는 말할 수 없다"라고 한 바 있다. 남녀의 사랑에서 진실한 사랑과 진실한 행동을 구별할 줄 알아야 한다. 진실한 사랑 속에 숨은 행동은 쉽게 알아낼 수 없다. 그래서 사람들이 남자를 만나, 여자를 만나 쉽게 사랑하고 쉽게 상처를 입게 되는 경우를 흔히 주변에서 볼 수 있다.

그리고 남자친구가 무엇을 좋아하고 싫어하는지 일정 기간 사귀는 동안 이미 파악했으리라고 생각된다. 그렇다면 더욱 신중하게 남자친구를 대하고, 좋아하는 면을 가지고 남성의 성격을 완전히 파악할 수는 없겠지만 어느 정도 성격 파악이 가능하다고 본다.

물론 남성에 따라 스포츠나 기타 놀이 등을 좋아할 수 있겠지만 너무 집착하는 유형의 남자는 좋은 상황에서는 문제가 되지 않지만 상황이 역전된 경우에는 돌발적인 행동으로 이어질 수 있다.

예를 들면 어쩌다 한 번 약속을 어긴 것을 가지고 계속해서 추궁하거나 어떤 일을 계획한 것을 가지고 쉽게 포기해도 될 사항을 끝까지 고집하는 남자의 경우 상황이 바뀌면 어떤 행동으로 이어질지 모르는 것이다. 남자들은 자신이 현재 처한 상황에서 생각하기보다는 과거 좋은 시절에 이성과의 교제를 생각하는 경우가 여성보다 강하지 않나 생각된다. 물론 사람마다 다르지만 말이다.

그러나 사귀는 동안 남자의 사소한 습관들에 대해 면밀하게 관찰할 필요가 있다. 사소한 습관들이 나중에는 커다란 화로 변할 수 있기 때문이다. 이성간에 상대를 좋아하다 보면 모든 게 보이지 않는다고 하나 이럴수록 냉정하게 상대를 꿰뚫어보는 식견이 필요하다.

◎ 여자들이 싫어하는 남자들의 습관

- 자꾸 확인하려는 태도.
- 외모를 비교하는 말(머리 스타일, 눈, 코, 입, 키, 몸무게 등).
- 치근덕거리는 행동.
- 깔끔하지 않은 머리 스타일.
- 말이 너무 많은 수다쟁이.
- 자주 전화하지 않는 행동.
- 너무 조급하고 자상하지 못한 성격.

5장

상대방을
기분 좋게 하는
대화 습관

똑같은 말이라도 단지 한두 마디 더 붙여서 하면

말 자체에 행복의 날개가 붙어 있어 듣는 이가 매우 행복할 수 있다.

상대방을 기분 좋게 하는
대화기법을 익히자

최고의 배우들은 자신이 맡은 인물이 어떻게 생각하고 느끼고 행동하는지 생각하느라 많은 시간을 보낸다. 그만큼 자신이 맡은 역할이 관객에게 최대한 실제의 인물과 유사한 모습으로 비춰지기 위한 노력이다. 그래야 관객이 좋아하기 때문이다.

마찬가지로 상대방과 대화할 때는 대화의 상대가 누구냐에 따라서 다르겠지만 일단 대화를 시작하면 상대방이 기분 좋아야 한다. 비즈니스를 하면서 사람들을 만나다 보면 유난히 기분 좋은 대화를 이끌어 가는 사람이 있는가 하면 전혀 그렇지 않은 사람이 분명이 있다.

그런데 사실 기분 좋은 대화를 이끌어 가는 사람의 경우 그렇게 특별하게 인격이 훌륭하거나 비즈니스에 대한 지식이 많은 것도 아닌데 유독 말을 하면 나 스스로가 너무 기분이 좋다. 물론 대화라고 하는 것이 상황에 따라 그때그때 다르지만 말이다.

A : 박 회장님, 오랜만입니다.

B : 그래요, 오랜만입니다.

C : 박 회장님, 오랜만입니다.

D : 얼굴이 좋아 보이시는데요.

사실 아래위의 대화를 가만히 살펴보면 별반 다른 게 없다. 그저 안부를 묻고 답하는 수준이다. 평상시에도 이런 대화를 흔히 볼 수 있다.

그런데 아무래도 똑같은 인사말을 해도 D의 경우는 한마디 더 붙여서 친근감을 주는 느낌을 받는다. 사람의 감정은 아주 사소한 것에 의해 기분이 좋을 수 있고, 역으로 아주 나쁠 수 있다.

그러나 이왕이면 상대방을 기분 좋게 하는 대화라면 한 번쯤 고민해 볼 필요가 있다. 왜냐하면 B와 같은 대화는 이 말을 듣는 사람이 기분이 좋든 나쁘든 항상 이런 인사의 사소한 습관이 몸에 배어 있을 수 있다.

물론 A라는 사람이 별 중요한 사람이 아니라서 그럴 수 있지만 꼭 그런 것만은 아니다. 그냥 습관적으로 이런 말이 나오는 것이다.

"말 한마디로 천 냥 빚을 갚는다"는 말을 익히 들어 알고 있다. 그런데 평소 자주 하는 말에 대해 자신이 어떤 말을 하는지 심도 있게 고민해 본 사람은 많지 않다.

평소에 "당신 인상이 안 좋아요" 이런 말을 주변 사람들에게 듣는다는 것은 그리 쉬운 일은 아니다. 아주 고민을 해서 가까운 사람이라도 그런 말을 하기가 무척 어렵다. 사실은 그 사람은 조금만 웃는 모습을 보여도 상대방한테 기분이 좋게 보일 수 있는데도 말이다.

말도 마찬가지다. 당신이 한 말을 누군가가 지적해 준다는 것은 그리 쉬운 일이 아니다. 그래서 나에게 분명 문제가 있다는 사실을 아는 것이 매우 중요하다.

따라서 당신은 첫마디부터 우선 상대방이 들어서 기분 좋은 말을 준비해 놓을 필요가 있다. 사람을 보는 순간 상대방이 기분 좋은 말은 분명히 있다. 똑같은 말이라도 단지 한두 마디 더 붙여서 하면 말 자체에 행복의 날개가 붙어 있어 듣는 이가 매우 행복할 수 있다.

당신과 대화하면
언제나 기분 좋아요

하루가 멀다 하고 휴대폰으로 통화하고 싶은 사람이 있다. 물론 너무 가까운 사람이기 때문에 허물없이 대화를 하다 보니 시간에 구애받지 않고 휴대폰을 할 수 있다. 그래도 그 사람한테 걸려오는 휴대폰을 받는 순간 너무 기분이 좋다. 왜 그럴까?

필자는 가만히 분석을 했다. 다른 사람한테 휴대폰이 걸려오면 왠지 지금의 이 사람과 비교해보면 전혀 아닌 것이다. 그런데 그 대화의 내용은 매우 하찮다. 정말이지 아주 짧은 대화인데도 불구하고 기분이 좋으니 실로 마법의 대화 같기도 하다.

A : 안녕하세요, 정 회장입니다. 김 교수님, 요즘 무슨 책 보세요?
B : 정 회장님, 오랜만입니다. 목소리 들으니 또 반갑습니다.

가만히 두 사람의 대화를 분석이라고까지는 아니지만 한 번 잘 살펴보자.

먼저 A회장이 요즘 무슨 책을 보냐고 묻는다. 이는 곧 김 교수라고 하는 분이 책을 즐겨 읽는다는 것을 사전에 알고 인사말을 건넨다. 사실 김 교수라는 분은 책을 즐겨 읽고 그 책의 내용을 자주 이야기하기를 좋아하는 사람이다. 그 분위기를 A회장이 사전에 알고 그 이야기를 꺼내는 것이다.

대화하는 상대방을 기분 좋게 또는 행복하게 만드는 것은 아주 사소한 것에 있다고 몇 번 강조를 한 바 있다. 일단 상대방이 무엇을 좋아하고 싫어하는지를 간파하는 것이 무엇보다 대화에서는 중요하다.

그 유명한 루스벨트 대통령을 만나고 나온 사람은 모두다 하나같이 행복하였다고 한다. 즉, 대화를 마치고 나오면 기분이 좋다는 것이다.

그 이유를 알아본즉 루스벨트 대통령은 사람을 만나게 되면 항상 만나야 할 사람이 무엇을 좋아하는지를 사전에 꼭 파악을 하였다고 한다. 그래서 일단 바둑을 좋아하는 사람을 만나게 되면 바둑에 대해 사전에 어느 정도 지식을 쌓고 만났다고 한다.

사실 만나는 사람에 대해 이렇게 철저하게 준비를 해서 만나기란 그리 쉬운 일은 아니다. 그만큼 시간을 투자해서 노력을 해야 하기 때문이다.

상대방을 알고 만나는 것은 '나는 당신에 대해 관심을 갖고 있습니다'라는 의미이기도 하다. 그래서 상대방을 기분 좋게 하려면 무언가 상대방에 대해 알고 있어야 한다.

　다시 앞의 대화를 가만히 살펴보자. B라고 하는 사람의 대화 내용을 유심히 살펴볼 필요가 있다. "목소리 들으니 또 반갑습니다"라는 말이다.

　사실 그냥 "반갑습니다"라고 해도 무방하다. 보통의 대화는 모두 "반갑습니다"이다. 그런데 거기에 "또 반갑습니다"라는 말 자체는 상대방이 들어 너무 기분 좋은 말이다. '아니, 지난번 통화를 했는데 그때 너무 좋았던 모양인데' 라고 생각할 수 있다. 거기에 목소리라는 말까지 들어가서 이야기를 하니 듣는 이는 기분이 좋은 것이다.

　사실 어떻게 보면 장난기 같은 말이지만 듣는 사람에 따라서는 무척이나 신경을 써서 대화를 한다고 생각을 할 수 있다. 물론 이런 말은 아주 쉽게 누구나 생각할 수 있다.

　그러나 문제는 실천으로 옮기는 것은 그리 쉬운 일은 아니다. 사람들은 보통 평상시에 자주 쓰는 말에 대해서는 별로 부끄러움을 느끼지 않지만 왠지 조금만 상대방의 비위를 맞춘다는 식으로 아첨식의 대화에 대해서는 특히 남성이라면 쉽게 행동으로 옮기기가 어렵다. 물론 남성, 여성을 구별하는 것은 아니지만 말이다.

　이처럼 사소한 습관이 아주 중요하다. 아주 가볍게 생각하는 언어 습관일지라도 매일매일 사용하는 언어는 매우 중요하다.

특히 비즈니스를 하는 사람이나 이성간의 교제를 하는 사람이라면 더욱이 말 한마디의 습관이 상대방에게 행복을 주는지 안 주는지, 기분이 좋은지 나쁜지를 바로 알 수 있게 해준다고 볼 때 당신이 평소 사용하는 사소한 언어 습관을 살펴볼 필요가 있다.

"앗!" 이것이 마법의 대화다

130년의 역사를 자랑하는 일본의 제국호텔이라는 곳이 있다. 여기는 수십 년 전부터 직원들이 고객의 전화가 오면 "앗! ○○○ 사장님 아니세요"라고 한다.

그런데 중요한 것은 이런 말을 듣는 고객이 아주 좋아한다는 것이다. 왜냐하면 마치 오래전에 자신이 다녀온 호텔을 다시 재방문하게 되어 사전에 예약을 확인하려고 전화를 했는데 호텔 직원이 반갑게 맞이하는 대화로 시작하기 때문이다.

물론 사람에 따라서 첫마디가 "앗!"이라고 하는 소리에 공손하지 않다고 달리 해석을 할 수 있다. 그러나 대부분의 고객은 좋아한다는 것이다.

A : 앗! 박 회장님 아니세요. 너무 반가워요.
B : 정말이지 반갑습니다. 지난번 신세를 많이 져서 너무 미안합니다.

가만히 두 사람의 대화를 살펴보자.

"앗!"이라고 하는 말이 들어가서 이 말을 듣는 B라는 사람은 마치 깜짝 등장이라도 한 것처럼 자신을 반갑게 맞이하는 A에 대해 너무 좋은 것이다.

사실 필자의 경우도 이런 대화를 평소 자주한다. 누군가 전화가 걸려오면 어느 순간부터 "앗! ○○○ 님 아니세요. 너무 반갑습니다"라고 한다. 이제는 아주 흔하게 일상생활에서 습관처럼 대화를 이어가고 있다.

이 책을 읽는 독자 여러분도 이 통화를 실천하면 아주 좋은 반응을 보일 것이라고 확신한다. 물론 사람에 따라서는 "아니, 이게 무슨 괴변이야!"라고 말할 수 있다.

그러나 경험적으로 본 결과 아주 좋은 반응을 보인다는 것이다. 아주 오랜만에 만난 친구도 좋고, 이제 막 만난 연인이라도 좋다. 심지어는 부모님한테 걸려온 휴대폰이라도 좋다. 한 번 시도해 보라. 이 말을 듣는 순간 상대방은 의아해하면서도 한편으로는 매우 행복할 수 있다.

A : 여보세요, 혹시 ○○○ 님 아니신가요.

B : 앗! ○○○ 님 아니세요. 너무 반갑습니다.

가만히 살펴보자. 단지 "앗!"이라는 말 한마디 더 들어간 것 이외에는 아무것도 없다.

그러나 무언가 대화 중에 듣는 사람은 감동일 수 있다. 아주 짧으면서도 간결하고, 그리고 말이 길지 않기 때문에 누구나 실천하고 행동으로 옮길 수 있다.

A : 앗! 자기야, 안 그래도 휴대폰 기다렸어.
B : 그래, 지금 어디에 있어?

C : 자기야, 안 그래도 휴대폰 기다렸어.
D : 그래, 지금 어디에 있어?

두 대화를 비교해 보자. 사람에 따라서 달리 해석을 할 수 있지만 그냥 기다린 것보다는 무언가 "앗!"이라는 말을 삽입함으로써 너무 반가움의 표시로 상대방을 기다리고 있는 듯한 모습을 보여주는 것이다. 거기에 더해 이 말을 들은 상대방은 너무 기분이 좋다는 것이다.

사실 아무것도 아닌데 그렇지만 대화는 항상 듣는 이를 기준으로 생각해야 한다. 듣는 이가 기분이 나쁘다면 그 대화는 잘못된 것이다.

필자는 주변 사람들에게 앞의 대화를 한번 시도해 보라고 권했지만 대부분의 사람들은 지금까지 그런 표현을 사용하지 않았는데 지금 그런 표현을 사용하려니 몹시 부끄럽다는 것이다.

사실 필자도 처음에는 부끄러웠다. 그러나 이제는 당연시하면서 누군가 평소 알고 있는 사람한테서 휴대폰이나 전화가 걸려오면 으레 "앗!"이라고 서두에 말을 한 뒤 받는다. 사소한 습관이지만 좋은 것 같아 권하는 것이다. 한 번쯤 시도해 보라. 자신의 언어 습관이 매우 중요하다.

당신 성공했어요

A : 당신 성공했어요.

B : 감사합니다.

점점 사회가 복잡해지고 생각할 것이 많아지다 보니 가능한 한 간결한 표현을 좋아하는 것 같다.

특히 MZ세대의 경우는 더욱이 문자나 카톡을 보면 아주 짧게 보내고 답장 역시 아주 짧게 보낸다. 그래도 소통이 매우 잘 이루어진다. 어떻게 보면 문장을 길게 하거나 뭔가 짜증나는 듯한 인상을 심어주게 되면 문자를 보지도 않고 흘려보낸다. 이를 두고 보통 '문자를 씹는다'고 한다.

요즘 경제도 어렵고 하는 일마다 잘 이뤄지지 않는 경우가 많다. 물가는 오르고 부동산은 한없이 추락하고 뭔가 재미있는 일이 주변에 흔치 않다. 거기에 주식도 떨어지고 그러다 보니 사람들의 짜증이 이만저만 아니다.

그러나 이럴수록 더욱더 대화의 상대방에게 기분 좋은 대화를 이끌어가기 위한 표현법을 적극 발굴해야 한다. 그래서 필자가 자주 사용하는 언어 중 하나가 바로 "당신 성공했어요"라는 말이다.

사실 성공의 기준이 무엇인지를 답하기란 어려운 일이다. 왜냐하면 사람들 각자가 생각하는 방식에 따라 성공을 할 수 있기 때문이다.

예컨대 로또 1등에 당첨되지 않았어도 그저 교환권만 받을 정도로 누군가가 당첨이 되었다면 필자는 "어이 친구, 정말이지 성공했네"라고 말한다. 물론 그 액수야 아주 적은 돈이다.

그러나 우리는 무언가 주변에 용기와 칭찬이 넘쳐나야 함에도 불구하고 그렇지 않다는 것이다. 그래서 필자가 주장하고 평소 습관처럼 "당신 성공했어요"라고 말하는 것이다. 이는 누구한테도 사용할 수 있다. 단지 존경의 경칭어만 사용한다면 말이다.

평소 시험을 잘 못 본 학생이 필자한테 '교수님, 이번 중간고사는 잘 보았습니다. 제가 생각한 문제가 나왔습니다'라는 문자를 보내오면 반드시 필자는 '그래, 성공했다. 그게 바로 성공하는 것이야' 라고 답변을 보내준다. 그러면 그 학생은 무척 좋아한다. 어디 이뿐인가. 평소 친구나 선배, 그 외 자주 보는 사람들을 만나서 흔히 하는 말로 "성공했습니다"라고 한다.

행복한 대화가 별것 아니다. 무언가 예의를 갖추고 상대방을 배려하면서 기분을 맞추는 것 뭐든지 좋지만 그래도 복잡한 세상에 아주 간단한 말로 "당신 성공했어요"라는 말 한마디는 아주 중요하다고 본다.

> A : 여보, 당신 요즘 헬스하더니 몸이 아주 날씬해졌는데…….
> B : 그래요? 이제 막 시작 단계인데…….
> A : 아니야, 당신 성공했어. 정말이지 성공한 거야.
> B : 뭐 성공이라고까지 표현은 그렇지만…….

평소 우리의 대화를 가만히 살펴보자. 우리는 아주 하찮은 것에도 감동을 주거나 받고 있는데, 그런 감동적인 표현에 너무 인색하다는 것이다. 아주 성공해야만 감동 표현을 한다면 생활하면서 얼마나 많은 노력을 해야 할까. 정말이지 생각하기도 싫다. 그래서 사람들이 늘상 하는 말이 "당신은 칭찬하는 소리를 못 들었어"라는 말을 자주 듣는다.

왜 우리는 큰 공을 세운 사람은 칭찬하고 아주 작은 공을 세운 사람에 대해서는 인색한가. 한 번쯤 생각해 볼 문제다.

당신의 주변에 발생하는 크고 작은 일이 있다. 평소 아주 사소한 것들에 대해서 감동을 주는 연습을 해보라. 화단에 꽃이 피었다면 "야, 드디어 꽃이 피었네. 성공한 것이야"라고 말이다.

성공하였다는 표현을 자주 해보자. 그러면 당신 주변에 사람들이 몰려들 것이다.

당신은 어떻게 듣고 있나요

사람들은 행복한 대화를 하려면 일단 경청을 하라고 한다. 사실 듣는 것만큼이나 중요한 것은 없다. 왜냐하면 대부분의 사람들은 듣는 것보다는 말하는 것을 너무 좋아하기 때문이다.

그러나 가만히 생각해보면 대화가 끝나고 서로의 입장에서 살펴볼 때 결국 말을 많이 한 사람과 많이 듣는 사람과의 관계성을 두고 볼 때 말을 많이 한 사람보다는 말을 적게 하면서 잘 들어준 사람에 대해 더 호감을 갖는 것을 알 수 있다. 물론 마음속으로 생각하지만 말이다. 그만큼 남의 말을 들어주는 것이 중요하다.

그러나 들어준다고 해서 모두 좋은 이미지를 심어주는 것은 아니다. 문제는 듣는데 있어 상대방이 이야기하는 것을 핵심적으로 무엇을 말하고 있는지를 면밀하게 분석해서 듣는다면 그보다 더 중요한 것은 없다. 그러나 가만히 살펴보면 상대방, 즉 말을 하는 사람의 입장에서 볼 때는 자신이 하는 말에 대해 상대방이 어떤 태도로 듣고 있는가에 대해 더 관심을 갖는다.

상대방은 '무엇을 듣는가'도 중요하지만 더 중요하게 생각하는 것은 '어떻게 듣고 있는가'에 대해 더욱 관심을 갖는 다는 사실을 명심하자.

오랫동안 중국과 미국, 한국을 오가며 비즈니스를 하게 되면서 필자는 비즈니스가 성공할 것인지 실패할 것인지는 정확하게 상대 방의 듣는 태도를 보면 금방 알 수 있다는 것을 경험으로 겪었다.

일단 필자가 상대방에게 계약과 관련해서 설명을 하면 처음에 는 관심을 갖다가 조금 시간이 지나면서 듣는 태도가 달라지면 '흠, 비즈니스가 어렵겠군' 하면서 필자 자신도 맥이 풀린다. 그러 나 이때 '내가 설명이 부족했나? 상대방을 설득을 못 시켰나?' 라 고 하면서 다시 한 번 심기일전하여 재차 상대방에게 좀 더 강한 조로 비즈니스 대화를 시작한다.

그러나 이번에도 역시 상대방이 필자가 하는 말에 대해 별로 신 통치 않다는 것을 직감적으로 느끼게 되면 거의 비즈니스는 실패 를 한다. 상대방의 태도가 그 증거이다.

A : 사장님, 제 의견에 대해 어떻게 생각하십니까?
B : 좋은 의견입니다.

아주 평범한 대화이지만 이때 "좋은 의견입니다"라고 말하는

B의 말을 듣고 판단하기는 어렵다. 그러나 듣는 사람의 태도가 부정적인지 긍정적인지를 보면 금방 알 수 있다.

듣는 태도는 중간중간 질문을 하던가 아니면 중요한 말을 반복해서 물어본다면 아마도 관심을 갖고 있다는 표시로 받아들일 수 있다. 여기에 시선까지 미소를 짓거나 몸을 굽혀 상대방에게 기울어지면서 듣는 태도를 취하거나 중간중간 메모하는 모습을 보인다면 아마도 비즈니스에서 어느 선까지는 상대방이 필자가 이야기하는 것에 대해 호응을 한다고 보면 된다.

이런 이유로 듣는 태도는 매우 중요하다. '이야기를 듣고 있다'라는 메시지를 상대방에게 보낸다는 것 자체가 '나는 당신에게 관심을 갖고 있습니다'라는 메시지를 전달하는 것이다. 비즈니스에서도 중요하지만 일상 대화를 하는데 있어서도 마찬가지다. 상대방에게 좋은 듣는 태도는 일단 대화에서 50% 이상은 좋은 이미지를 심어줄 수 있다.

남녀 이성간의 싸움, 부부간의 싸움, 동료와의 싸움 등 말로 인해 싸움을 하는 경우를 종종 볼 수 있다. 호텔에서 근무하다 보면 가끔 무척이나 화가 난 고객을 접할 수 있다.

이때 필자는 우선적으로 행동으로 옮기는 것 중의 하나는 호텔의 스카이라운지나 조용한 커피숍으로 손님을 안내하여 일단 들어주려는 태도를 보이는 순간 고객은 화가 풀리는 경우를 경험으로 겪었다. 이는 바로 들어주는 것 자체만으로도 고객은 이미 자신이 인정받고 있다는 것을 느낄 수 있기 때문이다.

눈치 빠른 김 과장의
행복 대화기법

평소 알고 지내는 모 대기업의 김○○ 과장이라는 분이 있다. 늘상 이 친구와 대화를 하면 기분이 아주 좋기에 한 번 김 과장의 대화가 왜 이렇게 좋은가를 필자 나름대로 분석을 해보았다.

그는 그저 평범한 과장이다. 그가 국문학을 전공한 것도 아니고 말 그대로 고등학교를 졸업하고 열심히 일을 해서 좋은 사내 평으로 인해 과장까지 진급을 한 사람이다.

그는 평소 필자와 대화를 하면서 항상 웃으면서 대화를 한다. 그리고 필자가 하는 말에 대해 항상 공감도 많이 표시를 한다. 한번은 필자가 물어보았다.

"소문에 의하면 사람들이 당신과 대화를 하면 항상 기분이 좋다고 합니다. 그 이유를 몇 가지 물어보고 싶습니다."

이런 질문을 받은 김 과장은 필자에게 "저는 항상 대화를 하는 사람의 눈치를 봅니다. 그 눈치는 다른 것이 아니고 제가 말하는 것에 대해 상대방이 호응을 하고 있는지 없는지를 아는 게 무엇보다 중요합니다"라고 말했다.

그에 따르면 대부분의 사람들은 자신이 말하는 것에 대해 상대방이 호응을 하고 있는지 없는지를 제대로 알고 있는 사람들이 의외로 많지 않다는 것이다. 물론 그렇지 않은 경우도 있지만 말이다.

일단 상대방과 대화를 하면서 가장 중요한 것은 상대방이 내 말에 대해 호응의 정도가 어느 정도인지를 파악하는 순간 이미 대화는 그것으로 끝난다는 것이다. 단지 몇 마디를 해도 이내 자신이 한 말에 대해 호응을 하고 있는지를 우선적으로 파악해야 하는 것이 무엇보다 중요하다는 의미이기도 하다.

A : 김 과장님, 대화에서 상대방에게 호응을 얻는 비결이 무엇입니까?

B : 우선 가장 중요한 것이 말하는 자신이 눈치가 빨라야 합니다.

A : 눈치가 빠르다는 의미는 무엇이지요?

B : 자신이 말하는 것에 대해 상대방이 어떤 태도를 보이는지가 중요합니다.

몇 마디 들어보지 않아도 익히 알 수 있다. 그러나 대화를 하다 보면 대부분의 사람들은 신들린 사람처럼 말에 몰두한다. 일단 그런 유형의 사람과 대화를 하면 자신을 비롯한 그 주변 사람들은 더 이상 그와 대화를 하지 않으려고 한다.

이런 내용을 말을 많이 하는 사람이 알고 있어야 한다. 눈치가 없는 사람은 이런 현상을 이해할 수 없다. 말을 많이 하고 자신이 알고 있는 지식을 상대방에게 자랑하려는 순간 이미 대화는 어렵다.

일단 대화를 할 때는 들어주는 사람이 나와의 관계성을 살펴야 한다. 나보다 윗사람인가, 아니면 아랫사람인가 파악은 기본이고 대화의 주체가 누구인지, 그리고 더욱 중요한 것은 그 분위기에서 어떤 대화가 주제를 이루어야 하는지를 눈치로 빨리 파악해야 한다. 그런데 그런 눈치를 채지 못하는 사람들이 의외로 많다는 것이다.

프로젝트를 수행하는 사람들 중에서 자신의 견해를 밝히는 경우가 종종 있다. 이때 눈치가 빠른 사람과 눈치가 전혀 없는 사람을 금방 알 수 있다. 눈치가 빠른 사람은 이미 그 분위기를 읽고 어떤 말을 해야 할지를 미리 대비한다.

그러나 눈치가 없는 사람은 자신이 어떤 말을 서두에 꺼내야 할지부터 엉망이 된다. 많이 알고 있는 것도 중요하지만 많이 아는 것을 얼마나 들어주는 사람이 호응을 할 것인지를 깨닫는 게 더 중요하다.

A교수는 많이 배우고 학력이 높고 해외 유학까지 갔다 왔다. 그런데 정작 학생들 대상으로 강의를 한 후 나중에 기말고사나 중간고사 이후 강의 평가를 받게 되면 오히려 실력에 비해 학생들로부터 받는 강의 평가점수는 엉망인 경우가 있다.

A : 아니, 저는 이 분야에서 최고의 지식을 갖고 있는데, 강의 평가가 너무 낮게 나옵니다.

B : 교수님, 왜 그런 현상이 발생하는지 잘 모르겠습니다만, 아마도 학생들의 수준이 못 따라오는 것 아닐까요.

A와 B의 대화를 살펴보자. A교수는 자신이 열심히 강의를 하는데 강의 평가점수가 낮게 나온다고 상대방 교수에게 푸념을 한다. 그러자 B교수는 그 이유를 학생들의 수준이 낮은 것 아닌가 라고 오히려 A교수의 편을 들어주는 모양새다.

물론 B교수의 말이 맞을 수도 있다. 그러나 가만히 살펴보면 B교수는 A교수의 의견에 동조를 하면서 마음속으로는 아마도 '교수님의 강의가 어렵고 이해가 힘들게 강의를 하셨겠지요' 라는 생각을 할 수 있다. 어떻게 보면 A교수는 강의를 하면서 학생들의 눈치를 전혀 채지 못하고 본인 스타일로 고집해서 강의를 한 것이 아닌가 싶다.

행복한 대화, 상대방이 듣고 싶은 말을 잘하는 사람은 바로 눈치가 빠른 사람이다.

나 자신도 모르는 나쁜 대화 습관

"나는 지금까지 누구와 대화를 해도 전혀 문제가 없으며, 전혀 상대방이 화를 내지 않을 정도로 완벽합니다"라고 말하는 사람들이 의외로 많다.

그러나 가만히 살펴보자. 자기 자신에게 분명 문제가 있다는 사실을 스스로 깨닫는다는 것은 그리 쉬운 일이 아니다. 그 이유는 당연히 대화를 하면서 상대방이 자신에게 대화의 스타일이 아주 잘못되었다고 지적하는 경우는 거의 없기 때문이다.

필자 역시 마찬가지다. 지금까지 대화를 하면서 지적을 받아서 필자를 기분 나쁘게 한 사람은 거의 손에 꼽을 정도다.

자, 한 번쯤 고민해 보자. 자신의 대화 습관 중 혹이나 이런 나쁜 습관을 갖지는 않았는지 한 번 점검해보자.

다음에 나열하는 습관 중 당신에게 전혀 해당되지 않는다면 당신은 대화하는 데 있어서만큼은 아무 문제가 없다고 생각된다. 물론 완벽한 것은 아니지만 필자가 사람들과 대화를 하면서 겪었던 내용들이며, 이런 대화를 하는 상대방에게 다소 불쾌한 기분이 들었기 때문에 여러분도 한 번 참고하라는 의미에서 유형별로 다음과 같이 나열해 보았다.

A : 대화하면서 책상 밑의 다리 한쪽을 계속 떨거나 주기적으로 반복적으로 떠는 사람.

B : 대화를 시작하면 항상 상대방보다 우위를 점하기 위해 이기려고 하는 사람.

C : 일단 대화가 시작되면 반드시 주변 사람들에 대해 비방이 몸에 배어 있는 사람.

D : 대화 시 항상 손과 몸짓의 동작이 커서 상대방에게 다소 부담감을 주는 사람.

E : 대화 시 항상 코를 만지거나 이마를 문지르는 사람.

F : 평상시 가만히 있다가 술만 마시면 말이 갑자기 많아지는 사람.

G : 대화를 하면서 항상 자기 자랑이 늘어지게 많은 사람.

H : 대화하다가 자신에게 불리하다고 생각하면 갑자기 목소리가 커지는 사람.

I : 대화 중간중간 자주 조는 사람.

J : 상대방의 말을 듣기보다는 말하기에 너무 열중하는 사람.

K : 대화를 하면서 손톱이나 손을 입으로 물어뜯는 사람.

L : 일단 토론이 시작되면 끝까지 지지 않으려는 사람.

가만히 한 번쯤 생각해보라. 자신의 대화 습관 중 이런 유형의 사람은 아닌지를 점검해 볼 필요가 있다.

필자의 경우도 종종 사람들과 대화를 하면서 어느 순간에는 갑자기 흥분하여 상대방에게 목소리를 크게 한 적이 있다. 물론 자주 하는 행동은 아니지만 말이다.

그러나 일단 큰소리로 상대방에게 말을 한 후 조금 시간이 지난 후에는 '아이고, 정말이지 내가 실수했구나. 아무것도 아닌 일인데 이것을 가지고 큰소리를 쳤으니 너무 미안한데' 라고 스스로 후회한 적도 있다.

사람이 감정의 동물이고 참는 데도 한계가 있다 보니 필자 역시 목소리를 크게 낸 적이 있다, 그런데 중요한 것은 곧 이어 필자 자신이 후회한다는 것이다. 후회할 일을 방금 상대방과 대화를 하면서 실수를 저지른 것이다. 마찬가지다. 여러분도 스스로 감정을 조절하지 못해 큰소리를 지른 적이 있을 것이다. 문제는 나중에 후회한다는 것이다.

상대방이 "예"라는 답변이
나오게 하자

대화를 하면서 매사 부정적인 사람이 있다. "요즘 사업은 잘되는가요?" 라고 물으면 언제나 돌아오는 답변은 "아주 좋지 않습니다. 상황이 안 좋아요"라고 하면서 인상을 찌푸린다. 사실 일상적으로 연인관계나 부부관계에서 이런 말투를 듣는다고 해도 꾹 참고 말을 이어가야 할 때는 어쩔 수 없다.

그러나 비즈니스에 목마른 사람들은 상대방한테 이런 말을 듣게 되면 낙담이다. 한마디로 비즈니스가 어렵다는 뜻이다. 물론 사업이라는 것이 어디 부정적인 말을 들었다고 해서 포기하고 긍정적인 사람만 만날 수 있는 것은 아니다. 이런저런 유형의 온갖 사람들을 만나야 하는 게 사업의 비즈니스 아닌가.

그러나 일단 비즈니스 상대방이 부정적인 말을 하게 되면 기분이 별로 좋지 않다. 사람인지라 더욱 그런 것이다. 그렇다면 어떻게 부정적인 사람한테 긍정적인 답변을 듣는 방법은 없을까. 아마 여러분도 한두 번쯤은 고민해 보았을 것이다. 여기 한번 두 사람의 대화를 살펴보자.

> A : 안녕하세요. 오랜만입니다. 사업은 잘되시지요?
> B : 안녕하세요. 오랜만입니다. 요즘 불황이지 않습니까. 아주 좋지 않습니다.

> C : 안녕하세요. 오랜만입니다. 오늘 날씨가 아주 좋습니다.
> D : 안녕하세요. 네, 아주 날씨가 쾌청하고 좋습니다.

상호의 대화를 한번 비교해 보자. 아주 간단한 대화이면서 늘상 우리 주변에서 발생하는 대화이다.

그런데 첫 번째 대화는 직접적으로 사업이 잘되는지를 물었고 이에 대한 답변은 사업이 아주 좋지 않다는 다소 부정적인 이야기를 들었다. 물론 사람에 따라서 사업이 잘되지 않더라도 체면상 사업이 잘된다고 말을 할 수 있다. 그러나 비즈니스를 하는데 있어 사업이 잘 안 되는 것은 안 된다고 이야기하는 것은 맞는 말이며, 혹이나 사업이 잘 안 되서 상대방한테 도움을 받고자 하는 경우는 그럴 수 있다.

그러나 일단 비즈니스를 하는 사람이라면 상대방으로부터 좋은 말, 즉 "예"라는 말이 나올 수 있는 가벼운 주제의 말을 건넨 다음 본격적으로 대화를 이어나가는 것이 좋다.

두 번째 대화를 보자. 오늘 날씨가 아주 좋다는 의미의 가벼운 질문을 건네면 이를 받아들이는 입장에서도 오늘의 날씨가 좋은 것에 대해 긍정적으로 받아들인다. 처음부터 무거운 주제를 단도 직입적으로 꺼내어 득을 보는 경우도 있지만 가능한 한 가벼운 주제, 즉 상대방으로부터 "예"라는 말이 쉽게 나올 수 있는 질문을 던지는 것이 상대방을 부드럽게 할 수 있다.

항상 대화를 하면서 무심코 던진 말 때문에 엄청난 파장을 일으킨 경우를 우리는 쉽게 목격할 수 있다. 특히 정치인이나 기타 사람들의 이목을 끄는 사람의 경우 첫마디는 매우 중요하다. 자칫 말을 잘못했다가는 큰 낭패를 당할 수 있기 때문이다.

중요한 것은 처음부터 상대방으로부터 쉽게 긍정적인 답변을 기대할 수 있는 이야기를 꺼내는 것에 익숙해져야 한다. 대화를 잘한다는 것, 상대방을 기분 좋게 하는 사람들의 특징은 첫마디부터 부드럽다는 것이다. 상대방을 화나게 하는 사람들의 특징은 첫마디부터 부정적인 답변이 나오게 하는데 익숙해진 사람이다.

메라비언의 법칙을
준수하는 대화

커뮤니케이션 이론을 언급하면 반드시 메라비언의 법칙을 이야기한다. 한 사람의 이미지가 결정될 때 중요한 요소들을 다루었는데, 시각적 요소가 55%, 청각적 요소가 38%, 언어적 요소가 7%를 차지한다고 한다.

여기서 시각적 요소라 함은 사람들의 제스처, 복장, 인상이나 표정 등과 같이 주로 사람의 눈에 보이는 요소를 일컬으며, 청각적 요소라 함은 목소리. 음색, 발음과 같은 음성의 품질 등을 일컬으며, 마지막으로 언어적 요소라 함은 사람들의 말을 의미한다.

일반적으로 사람들은 대화를 할 때 상대방이 말을 잘한다고 그 사람이 대화의 달인이라고 하지만 실제적으로는 상대방이 느끼는 이미지는 절대 그렇지 않다는 뜻이다. 이는 실제 메라비언의 실험에서 나온 결과이다.

아시아계 퇴역 미군으로서 전쟁에 참여하기도 한 리윙이라고 하는 퇴역 군인은 미군에서 약 20년 동안 복무를 한 참전용사였다.

그는 전쟁의 참혹한 현실에서 인종차별을 당한 것을 여러 사람 앞에서 설명을 하면서 갑자기 와이셔츠 단추를 하나둘씩 풀면서 가슴과 배에 난 전쟁의 상처들을 보여주자 그 장면을 본 많은 사람들이 깜짝 놀랐다고 한다. 바로 이는 말로 설명하기보다는 직접적으로 보여주는 것이 얼마나 강한 이미지를 상대방에게 심어준다는 것을 알 수 있다.

호텔에서 근무하면서 필자는 항상 고객의 얼굴을 주시하였다. 조금이라도 얼굴 표정이 화나 있거나 기쁜 표정을 하게 되면 거기에 맞게끔 대화를 이끌어 나갔다. 물론 100% 적중하는 것은 아니지만 실제 현장에서 대화를 하다 보면 거의 얼굴 표정이나 고객의 태도를 보면 금방 알 수 있다.

그 유명한 나폴레옹도 전쟁에 나가기 전, 모든 용사들을 연병장에 집합시킨 후 본인이 직접 연단에 올라서서 한참 동안 말을 하지 않고 서 있었다고 한다. 그가 말 없는 침묵한 표정으로 주변을 둘러보자 많은 장병들은 긴장감이 나돌았다.

나폴레옹은 일정 시간이 지난 후에야 전쟁에 나서는 각오를 힘차게 말했다고 한다. 아마도 말이 없는 무표정한 태도를 보고 나폴레옹을 따르는 부하들은 심각함과 무언의 침묵이 그 비상함을 뛰어넘는 의미를 전달한 것이다. 말로 떠드는 것이 아니라 때로는 무표정도 상대방을 대하는데 있어 커다란 효과를 볼 수 있다.

당신은 때로는 침묵을 하고 있는가. 아니면 계속해서 말을 해야만 일이 해결될 수 있다고 보는가. 사실 대화를 하면서 침묵을 지키기란 그리 쉬운 일은 아니다. 너무 침묵하게 되면 오히려 상대방이 화가 난 모습으로 비춰질까 걱정하기도 한다.

그러나 상황에 따라서는 아무 말도 하지 않는 것이 말을 하는 것보다 몇 배의 효과가 있다는 사실을 명심하자.

A : 여보, 당신은 왜 말이 없는 거예요. 아들이 사고로 죽었는데도…….

B : (전혀 말이 없는 남편은 그저 입만 꾹 다물고 있다.)

아들이 교통사고로 죽은 다음 아들의 무덤 앞에서 남편은 아무 말도 없이 그저 입만 다물고 있었다.

그러자 야속하다고 생각한 부인은 이내 남편에게 화를 내면서 "당신이 아들한테 아무 감정이 없으니 아들이 얼마나 슬퍼하겠느냐"고 계속해서 남편을 나무라자 그제야 헛기침을 하는 남편의 입에서 피가 쏟아 나오기 시작했다. 남편은 아들의 죽음 앞에서 슬픔을 참느라고 혀를 깨물고 있었다고 한다.

갈등을 조절하는 방법

A : 자기야, 영화 구경 가자.

B : 좋아, 나도 지금 시간이 많아.

A : 그런데 자기야, 요즘 <A영화>가 재미있대. 꼭 보고 싶어.

B : 아니야, <B영화>가 더 재미있을 것 같아.

A : 아니라니까, 왜 그래. 그 영화 꼭 보고 싶단 말이야.

B : 이번에는 내가 보고 싶은 영화 보자니까. 지난번에도 네 마음대로
했잖아.

자, 두 사람의 대화를 자세히 살펴보자. 처음에 두 사람이 영화
를 보러 가는 데는 합의했다. 그러나 어떤 영화를 볼 것인가 하는
문제 때문에 두 사람이 신경전을 벌이고 있다.

두 사람은 이 문제로 다투다가 결국 헤어졌다. 문제는 단순히
영화만 그런 것이 아니라 두 사람은 매사 하나의 주제를 놓고 갈

등의 골이 깊었던 것이다.

이처럼 대부분의 사람들이 갈등을 겪는 원인 중 하나는 단순하게 하나의 문제에서 그치지 못하기 때문이다. 하나의 갈등이 증폭되어 나중에는 걷잡을 수 없는 상태에 이르고 감정싸움으로 번져, 결국에는 서로가 건널 수 없는 상황까지 오는 것이다.

아주 하찮은 문제를 해결하지 못하는 사람은 계속해서 다른 문제도 해결하기가 힘들다. 예를 들면 부부가 텔레비전 프로그램을 놓고 다투는 경우이다.

남편의 입장에서는 9시 뉴스를 보고 싶어 하는데 부인은 그 시간대에 하는 드라마를 보기를 원한다. "무슨 여자가 무식하게 드라마만 보고 그래. 상식을 좀 넓히려면 뉴스를 봐야지"라는 말 한마디에 부인은 화가 치밀어오르는 것이다. "뭐라고, 무식하다고?" 하면서 벌컥 화를 낸다.

이 부부의 경우도 아무것도 아닌 일을 가지고 엄청난 싸움으로 진전된 것이다. 남편이 뉴스를 보고 싶으면 "여보, 뉴스 조금만 보자. 그리고 바로 드라마 틀면 되잖아. 요즘 부동산 정책이 심각한가봐"라고 넌지시 제시했다면, 부인은 "그래요, 우리도 부동산을 갖고 있는데 말이야" 하면서 남편의 말을 들어줄 수도 있다. 설사 안 들어준다고 해도 남편이 조금 기분 나쁘면 되는데 말을 잘못하면 감정싸움으로 번지게 된다.

또한 부인이 계모임에 나갔다가 저녁을 먹고 조금 늦게 귀가했다고 하자. 남편이 부인을 보자마자 "살림하는 여자가 어딜 그렇게 쏘다니고 난리야, 제정신이야?"라고 했다면, 부인은 "당신은 어떻고? 어제 새벽에 들어오지 않았어?"라며 즉각 반문하게 된다.

이왕이면 "계모임에 가서 재미있었어? 늦겠다고 연락 좀 하지" 했다면, 부인은 화를 내거나 반감을 가지기는커녕 오히려 미안해했을 텐데 말이다.

이렇듯 사람들은 아무것도 아닌 일을 가지고 싸움을 하거나 갈등을 겪게 된다. 그 이유 중 하나는 서로가 바라는 기대치가 다르기 때문이다. 남편과 부인, 애인 사이, 친구 사이 등 서로의 관계에서 기대치가 다르다 보면 갈등이 증폭된다.

갈등을 해결할 수 있는 방법은 여러 가지가 있지만 가장 좋은 방법을 들면 다음과 같다.

첫 번째는 서로의 이익을 찾는 선에서 마무리를 해야 한다. 조금만 양보하면 분명히 좋은 선에서 마무리될 수 있다.

두 번째는 초기에 갈등의 싹을 없애야 한다. 내가 어떤 행동을 했을 때 상대방이 어떤 행동을 취할 것이라고 미리 예견한다면 절대 갈등이 생기지 않는다. 연인 사이에서도 어떤 영화를 먼저 볼 것인지에 대해 어느 한쪽이 먼저 사전 행동을 취하면 된다. 가능한 한 상대방의 취향을 존중하는 선에서 사전에 어떤 영화를 볼지 정하라는 것이다. 이는 영화 선택으로 인해 분명히 갈등이 생길 것이라는 사실을 미리 알고 행동하는 것이므로 사전에 문제를 방지하기 위한 차원이라고 볼 수 있다.

　마지막으로 세 번째는 흔히 상대방이나 제3자와의 갈등으로 인해 마음이 상하거나 괴롭다고 생각하는데, 그런 생각을 버려야 한다. 나 자신을 괴롭히는 것은 상대방도 아니고 제3자도 아닌 바로 나 자신이다. 내가 원하는 방식으로 상대방이나 제3자가 따라주지 않기 때문에 갈등이 생기는 것이다. 그러므로 나 자신부터 변해야 갈등이 생기지 않는다.

◎ 갈등을 해결하는 습관 들이기

- 남을 비난하지 말자.
- 사전에 갈등의 싹을 없앤다.
- 각자의 권한과 책임을 존중한다.
- 용기 있게 먼저 화해를 신청한다.
- 상대가 변하기를 바라기 전에 자신이 먼저 변한다.
- 양보하는 자세를 갖는다.

6장

나를 성공으로
이끄는 습관

자신과의 싸움에서 지는 것보다 더 비참한 일은 없다.
그러나 새로운 습관을 받아들일 때는 시간을 가지고
천천히, 그러면서도 단호하게 실천해야 한다.

성공하는 인맥 만들기

"지금의 나는 그때 그 사람의 도움이 아니었더라면 힘들었을 거야."

이런 말을 누구나 한 번쯤 들어보았을 것이다. 현재의 위치에 오른 후 가만히 분석을 해보았더니 과거에 어떤 동기를 부여해주었던 사람을 만났던 것이다. 만약 그 시절에 그 사람을 만나지 못했더라면 영원히 다른 길을 선택했을 수도 있다.

사실 누구나 이런 이야기를 한다. 인생의 분기점이 누군가를 만나면서부터 시작된 것이라고 할 때 사람을 사귀고 만나는 것은 상당히 중요하다. 아니, 인생에서 성공하는 길이라고도 할 수 있다. 이를 두고 흔히 하는 말로 "성공하려면 인맥을 확실하게 구축하라"고 한다.

《마음 가는 대로 해라》라는 책에서 저자인 앤드루 매튜스는 "새벽에 일어나 운동도 하고 공부도 하고 사람들을 사귀면서 최대한으로 노력하는데도 인생에서 좋은 일이 전혀 일어나지 않는다고 말하는 사람을 나는 여태껏 본 적이 없다"라고 하였다.

여기서 중요한 것은 운동과 공부만 하는 것이 아니라 사람들을 사귄다는 말에 귀를 기울일 필요가 있다. "나는 매일 공부도 운동도 열심히 하는데 왜 이렇게 하는 일마다 안 되는 거야"라고 말하는 사람도 많다. 이들은 사람을 사귀지 않아 문제가 되는 것이다.

사람을 사귀는 것, 즉 인맥을 만드는 것도 노력을 해야만 가능한 일이다. 그저 백면서생白面書生처럼 희고 고운 얼굴에 글만 읽는 사람으로는 인맥을 만들기란 하늘의 별을 따는 만큼이나 어렵다.

인맥 만들기는 우리나라에서만 유독 심한 것은 아니다. 전 세계적으로 성공한 사람들 대부분이 인맥을 형성하고 있다. 대학 동기, 동문, 골프 모임, 학회 모임, 연구회 모임, 동우회, 산악회 등 모임을 통해 성공한 사람들이 많다. 사람을 사귈 수 있는 곳은 얼마든지 있다. 이런 모임을 통해 인맥을 만들고 비즈니스를 하는 것이다.

이제 혼자만 잘나가는 독불장군의 시대는 사라진 지 오래다. 조직의 힘과 인맥의 힘이 모든 것을 지배한다고 해도 과언이 아니다. 기업에서도 사람을 채용할 때 인맥을 배제하려고 노력하지만 쉽지 않은 것이 현실이다.

그렇다면 성공하는 인맥을 형성하기 위해서는 어떻게 해야 할까? 가장 궁금한 사항이다. 필자가 알고 있는 한 선배는 직장을 그만두어도 항상 며칠 이내에 다시 직장을 구하는 것을 보고 깜짝 놀랐다.

"아니, 선배님은 그런 괜찮은 직장을 어떻게 빨리 구할 수 있습니까?"라고 물으면 그의 대답은 간단하다. "김 교수, 내가 수첩에 적어놓고 평소 알고 지내는 사람만 500명이에요"라고 한다. 실로 대단하다.

그래서 선배에게 인맥관리를 어떻게 하는지 물었다. 그가 하는 말은 이렇다.

첫째는 자기 주변 사람들부터 튼튼하게 관리를 잘해야 한다. 인맥은 멀리 있는 것이 아니라 평소 주변에서 알고 지내는 사람들이 가장 중요하다는 것이다.

둘째는 일단 성격이 활발해야 한다. 성격이 너무 내성적이거나 폐쇄적이면 주변에 사람이 모이지도 않을 뿐만 아니라 대인관계에서 인맥을 형성하기가 힘들다는 것이다.

셋째는 자신의 욕심을 채우기 위해 성급하게 인맥을 만들지 말아야 한다. 자연스럽게 어울리다 보면 서로 부탁하고 들어줄 일이 생긴다는 것이다.

마지막으로 넷째는 관혼상제에는 반드시 빠지지 말고 참석하라는 것이다. 평소 알고 지내는 사람들에게서 부고장이나 결혼 청첩장이 오면 대부분의 사람들은 "주말에 바쁜데……" 하면서 마지못해 가는 경우가 많다.

사람들의 능력은 대개가 비슷하지 않은가. 무언가 차이를 만들 수 있는 것이 인맥이다. 당신은 이 순간 인맥을 관리하고 있는가 묻고 싶다.

🎯 나만의 튼튼한 인맥 만들기

- 자신의 이미지를 업그레이드시켜라.
- 독불장군식 행동을 절대 삼간다.
- 조직과 환경에 빨리 적응하라.
- 각종 모임에 나가는 것을 즐겨라.
- 작은 비즈니스에 너무 치우치지 않는다.
- 나를 버려야 조직에서 환영한다.
- 관혼상제에는 빠지지 말자.

메모하는 것도 습관이다

《유태인의 상술》이라는 책은 유태인들이 메모에 얼마나 많은 관심을 기울이는지 보여준다. 이들은 어떤 장소에서도 중요한 것은 반드시 메모를 한다고 하니, 돈을 많이 번 이유를 알 만하다.

이들의 메모하는 방법은 거창하게 노트를 준비하거나 별도의 메모용지가 필요 없다는 데 놀라지 않을 수 없다. 담배를 사고 난 뒤 담배는 케이스에 담고 담배 종이 위에 메모를 한다고 한다.

그리고 비즈니스상 중요한 날짜, 금액, 납품기일 등을 꼭 적어놓는다. 사실 비즈니스에서 이것보다 더 중요한 것이 어디 있는가. 그래서 유태인들은 '애매함을 용서하지 않는다'는 유태인의 상술을 지키는 것이다. 이렇듯 유태인들은 상대방과의 약속을 지키기 위해 메모를 하며 애매모호한 약속은 하지 않는다.

이순신 장군, 링컨 대통령, 에디슨 등 역사적으로 유명한 사람들의 생활습관 중 하나는 평소 메모를 잘한다는 것이다. 쇼펜하우어는 '스스로 한 귀중한 성찰은 되도록 빨리 적어두어야 한다'라고 할 정도로 메모의 중요성을 강조했다. 우리의 선인들 중 한 사람인 정약용 선생은 일찍이 둔필승총鈍筆勝聰, 즉 '둔한 붓이 총명함을 이긴다'라는 어록을 남겼다. 그만큼 메모가 중요하다는 의미이기도 하다.

일반적으로 사람들은 "그래, 그때쯤 납기를 맞추지"라고 말한다. 물론 약속이라는 것은 반드시 지켜야 할 것도 있지만 그렇지 않은 경우도 있다. 그러나 상대방과의 약속에 대해 별도의 메모를 해놓으면 잊어버리지 않고 약속을 지킬 수 있어 신뢰가 두터워지는 것이다. 이 모든 힘이 바로 메모에서 나온다.

아마 당신도 그 유명한 《안네의 일기》를 읽어보았으리라. 13세 소녀가 전쟁 중에 독일 병사의 눈을 피해 숨어 지내면서 남긴 일기가 세계적인 명작이 된 것이다. 물론 메모와 일기는 다르지만 기록을 한다는 면에서는 같다고 할 수 있다.

오늘날 인터넷의 등장으로 하루에도 수백 개에서 수만 개의 정보를 접할 수 있다. 이 많은 정보를 모두 기억하기란 불가능하다. 물론 모든 정보를 다 기억할 필요는 없다. 그러나 자신에게 중요한 정보라면 반드시 메모하는 습관을 들여야 한다. 사람들은 쉽게 잊어버리는 습성이 있기 때문이다.

사람들은 메모가 중요하다는 것을 알면서도 메모하는 것을 상당히 귀찮아하거나 어렵게 생각한다. "그냥 머릿속에 외우지 뭐,

메모까지 하나"하면서 메모하는 것을 꺼린다.

그러나 기업에서 아이디어 왕으로 선발된 사람이나 유명인사들을 자세히 살펴보면 한결같이 메모를 한다. 아주 작은 메모지를 준비해서 때와 장소를 가리지 않고 자신에게 도움이 된다고 생각하는 정보는 반드시 메모를 한다.

메모하는 습관은 그리 어려운 것이 아니며, 누구나 매일 메모하는 습관을 가질 수 있다.

호텔에서 근무할 때 한 기업체의 회장을 알게 되었다. 그는 비즈니스 차원에서 호텔에 자주 왔다.

필자는 일본어를 조금 하기에 바이어 상담을 하는 경우 가끔 통역도 해주었는데, 회장은 항상 메모수첩을 가지고 다니면서 적었다. 물론 비즈니스 차원에서도 적지만 호텔에서 서비스를 잘하는 사람의 말투까지 적기도 했다. "회장님, 무엇을 그렇게 적습니까?"라고 물으면 "그냥 생각나는 것을 적는 거야"라고 한다. 그의 나이는 70세가 다 되어가지만 메모하는 습관만은 그 누구도 따라갈 수 없다.

그에게 물어보았다.

"메모하는 것이 귀찮지 않습니까? 그리고 메모를 하면 무슨 좋은 이득이 있나요?"

그는 메모는 누구나 할 수 있는 것이며, 습관을 들이면 일상생활에서 아이디어를 창출하는 데 아주 좋다고 말해주었다.

그를 통해 익힌 메모하는 습관을 간단히 적어보겠다.

첫 번째는 메모하는 습관을 들이기 위해서는 항상 메모수첩과 필기도구를 가지고 다녀야 한다. "볼펜이 없는데 좀 빌려주세요"라고 하면 평소 메모를 잘하지 않는 사람이다. 항상 준비해두어야 한다.

두 번째는 메모를 하면 마음이 안정된다. '아, 생각이 안 나네. 그때 누구더라?' 하는 아쉽고 안타까운 마음이 없어진다. 메모한 내용을 보면 '그래, 맞아' 하면서 금방 알아차리니 조급하게 생각할 필요가 없다는 것이다.

세 번째는 즉석에서 생각나지 않지만 궁금증이 이는 것은 메모해놓았다가, 집에 가서 한가한 시간에 다시 그 메모를 보면 '그래, 이렇게 하면 되겠네' 하고 새로운 생각이 떠오른다.

네 번째는 실수하지 않는다는 것이다. "이봐, 박 대리, 일주일 전에 지시한 견적서 아직 안 됐어?"라고 사장이 물을 때 "사장님, 깜빡 잊었습니다. 죄송합니다"라고 할 일이 없다는 것이다. 이렇게 깜빡 잊어버린 경우 사람들은 '내가 벌써 나이가 들었나? 건망증이……' 하면서 자신을 책망한다. 그러나 메모를 해놓으면 절대 그런 일이 발생하지 않는다.

마지막으로 다섯 번째는 메모를 해놓으면 평소 대수롭지 않게 생각했던 것도 시간이 지난 다음에 보면 엄청난 결과물을 가져올 수 있는 단서가 되기도 한다.

그러나 메모를 무작정해서는 안 된다. 메모란 자신만이 알아보는 것이기 때문에 눈에 잘 띄는 곳에 놓아두고 수시로 보아야 한다. 특히 메모를 많이 하는 것도 중요하지만, 필요한 메모를 간략하게 기록하고 정리하는 습관이 더욱 중요하다. 그리고 최근에는 휴대폰의 기능이 다양해져 조금만 노력하면 메모의 기능을 활용하면 별도로 용지에 적을 필요가 없다.

⊙ 성공하는 메모 습관 들이기

- 항상 메모수첩과 필기도구를 지참한다.
- 메모한 것은 눈에 잘 띄는 곳에 비치해둔다.
- 중요한 사항은 크게 별도의 표시를 해둔다.
- 머리로 기억하는 데는 한계가 있다.
- 메모는 특별한 형식 없이 간단하게 기록하면 된다.
- 기록한 메모는 시간나는 대로 수시로 살펴본다.
- 아이디어를 내려면 메모하는 습관을 들여야 한다.

시간관리가 돈이다

유태 격언에 따르면 '사람은 금전을 시간보다 중히 여기지만 그로 인해 잃어버린 시간은 금전으로 살 수 없다'라고 하였다. 이는 사람들이 돈을 시간보다 더 중요하게 여기지만 실제 그로 인해 허비한 시간이 얼마나 중요한지를 깨닫게 하는 말이다.

우리는 종종 '사람 팔자 시간문제'라는 말을 자주 한다. 얼마나 시간이 중요하면 사람의 팔자를 좌우하는가 말이다.

갑자기 일확천금이 들어오거나 아니면 어느 시간인지는 몰라도 자신의 신분이 자신도 모르는 사이에 급상승하는 경우도 있다. 그래서 그 유명한 철학자 괴테는 '아침에 생각한 것이 하루를 결정한다'라고 했다. 그만큼 아주 짧은 시간이라 할지라도 아침에 생각하는 시간이 하루의 일과에 미치는 영향이 매우 크다는 의미이기도 하다.

이는 시간관리를 아주 잘하는 사람들만이 가능한 일이다. 그래서 유럽인들 사이에서는 '짬을 이용하지 못하는 사람은 항상 짬이 없다'라는 말이 속담처럼 유행한다고 한다.

"시간은 돈이다."

직장인들 사이에서 이런 말을 자주 듣는다. 직장인들뿐인가. 학생, 가정주부 등 모든 사람은 하루 24시간을 잠자는 시간을 빼고 어떻게 활용할 것인지 고민한다.

이렇듯 시간이 중요함에도 불구하고 실제 사람들의 행동은 전혀 그렇지 않다. '오늘도 어제와 똑같은 것 아니야'라고 생각한다. 그러다가 주변에서 시간이 중요하다고 하면 그제야 "시간을 잘 관리해야 하는데"라고 말할 뿐이다.

성공한 사람들은 대부분 아침에 일찍 일어난다거나 하루의 스케줄을 짜서 움직인다. 그리고 하루에서 일주일까지 세심하게 시간 계획표를 세워두고 움직인다. 이는 그만큼 시간을 잘 관리하겠다는 의미이다.

그러나 일반 사람들은 시간관리를 한다는 것 자체가 쉽지 않다. 시간관리가 철저하게 습관이 된 사람들은 자기관리를 하고 시간을 맞추기 때문에 가능하지만, 평소 시간관리 습관을 익히지 못한 사람들은 그리 쉽지 않다는 것이다. "직장에서 하는 일이 뻔한데 무슨 시간관리야" 하면서 말이다.

그러나 어떠한 상황에서도 시간을 관리하겠다고 굳게 마음먹으면 실천할 수 있는 것이 시간관리이다. 시간을 잘 관리하고 시간을 활용하는 데 성공한 사람들의 습관을 살펴보면, 이들도 처음부터 시간관리를 잘한 것이 아니라 처음에는 상당히 어려웠다고 한다.

비즈니스를 하면서 기업체 사장이나 회장들을 수십 명 만났으며, 이들과 같이 회사를 운영하면서 일한 적도 있다. 물론 기업을 운영하는 사람들 모두 성공한 것은 아니지만, 그래도 기업을 성공적으로 운영한 사장들은 대부분 시간관리가 철저하다.

그들을 곁에서 지켜보니 철저하게 시간을 관리하고 있다는 것을 알았다. 필자는 그들에게 시간관리하는 습관에 대해 물어본 적이 있다.

그들의 말을 빌리면 처음 시간관리 습관을 기르기 위해서는 먼저 일주일 동안 자신의 시간에 대해 철저하게 평가를 해보라는 것이다. "일주일 동안 내가 뭐했나?"라는 사람도 있고 "일주일 동안 한 일이 많군"이라는 사람도 있다. 특히 일주일 동안 무의미하게 보낸 사람이라면 자신의 시간평가를 확실하게 해야 한다.

일단 일주일을 시간으로 환산하면 168시간이 되는데 여기서 잠자는 시간을 빼면 자신이 시간을 어떻게 보냈는지 알 수 있다. 만일 일주일을 평가하는 것이 너무 길면 일단 하루 단위로 끊어서 해본다.

예를 들면 하루는 24시간이므로 7시간 수면을 취하면 17시간이 남는다. 이 시간 중에서 자신의 직장, 자영업, 공부, 운동 등 실질적으로 업무와 연관되어 소비하는 시간을 빼버리면 활용할 수 있는 시간이 나온다. 그다음에는 활용할 수 있는 시간에 대해 "바둑만 두고 있었군", "술 마시는 것이 대부분이야" 등 자신이 시간을 어떻게 보내는지 알 수 있다는 것이다.

그리고 평가한 시간에 대해 '나는 정말 시간을 알차게 보냈군'이라는 생각이 들면 시간관리를 잘하는 사람이지만, 그렇지 않은 사람, 예를 들면 자신의 하루 시간을 평가해본 후 후회하는 사람이라면 반드시 시간 스케줄을 짜는 것이 좋다.

물론 시간 스케줄을 짜지 않고도 얼마든지 하루의 시간을 관리할 수 있겠지만, 제대로 안 되는 사람은 내일의 시간에 대해 미리 스케줄을 짜라는 것이다. 책상 위에 백지를 올려놓고 잠자는 시간, 아침에 일어나는 시간, 운동하는 시간, 식사, 업무, 휴식, 면담…… 등 하루의 일정을 짜서 행동을 해보라는 것이다.

처음에는 상당히 힘들지만 나중에는 습관이 되어 하루의 스케줄을 굳이 짜지 않아도 마음속으로 가능하다. 처음부터 무리하게 일주일, 한 달 동안의 시간계획을 세워놓고 지키지 않으면 나중에는 시간에 대한 감각도 무뎌지고 '지키지 못할 시간계획을 세워봤자 무슨 소용이 있어'라며 포기하게 된다.

하루의 일정에 대해 시간표를 짜는 일이 보기에는 쉽지만 실제 습관으로 옮기기까지는 상당한 결심이 필요하다. 기업을 운영해 돈을 많이 번 사람들은 대부분 하루의 시간을 철저하게 관리하고 평가한다.

처음부터 거창하게 시간 목표, 달성할 목표, 평가 등을 세워놓고 지키지 않는 사람이 의외로 많다. 모든 습관은 처음에는 아주 쉬운 것부터 행동으로 옮기지 않으면 절대 따라 하기가 쉽지 않다. 오늘 하루도 어떻게 보낼까 걱정하는데 어떻게 일주일, 한 달의 시간관리를 미리 세울 수 있단 말인가.

시간관리는 농부가 농사를 짓는 것과 마찬가지이다. 밭에 감자를 심어놓기만 한다고 좋은 감자를 수확하는 것은 아니다. 일찍 일어나 풀도 뜯어주고, 거름도 주고, 물도 주고 감자밭을 얼마나 잘 관리하느냐에 따라 감자 수확을 기대할 수 있다.

마찬가지로 시간관리도 하루의 시간에 대해 계획표를 짜고 거기에 맞추어 행동하고, 또 저녁에는 하루의 스케줄에 대해 평가해야 비로소 좋은 결실을 맺을 수 있다. 그러다 보면 하루가 이틀이 되고, 한 달, 일 년의 시간이 관리되는 것이다.

따라서 처음에는 하루라도 분명하게 시간평가와 시간 스케줄을 짜는 습관을 들여보자.

🎯 시간관리를 잘하기 위한 연습

- 하루의 시간평가를 나름대로 해보자.
- 하루의 시간평가가 후회스럽다면 반드시 시간 스케줄을 짠다.
- 시간을 낭비하지 않는 쉬운 일부터 습관을 들이자.
- 하루아침에 모든 걸 바꾸려 하지 말고 쉬운 것부터 천천히 바꾼다.
- 오늘 하루 24시간에 대한 시간관리가 가장 급하다.
- 하루의 자투리 시간을 최대한 활용하자.

인간관계지수를 점검하자

당신이 주변 사람들과의 인간관계의 질을 얼마나 높일 수 있는가 하는 문제는 매우 중요하다. 또한 이들과 계속해서 파트너 관계, 연인 관계, 비즈니스 관계로 발전, 유지하는 것 역시 매우 중요한 일이다. 그러므로 상대방과 원만한 인간관계를 유지하기 위해 인간관계 능력을 키우자.

주변에 있는 사람과 항상 좋은 관계를 유지하는 사람이 있는가 하면, 항상 불편함과 불만에 쌓여 있는 사람도 의외로 많다. 머리가 좋고 돈이 많고 공부를 잘한다고 해서 인간관계를 잘하는 것은 아니다.

사람과의 관계성에도 경제지수와 마찬가지로 나름대로 지수가 있다. 인간관계지수는 사람을 대할 때의 태도나 습관 등에서 나타나는 것이다. 인간관계지수를 높이기 위해서는 만나는 사람의 인격과 특성, 습관을 다른 사람보다 빨리 파악하여 상대방의 마음에

들게 하는 것이며, 상대방이 나를 만나 만족감을 얻도록 하는 것이다.

성공한 사람들은 대부분 인간관계지수가 높다. 그렇다면 나름대로 인간관계지수의 평가항목은 무엇인지 알아보기로 하겠다.

물론 이 항목은 주변에서 제법 인간관계를 잘하고 있는 사람들의 설문을 통해 인간관계에서 중요한 항목들을 선별하여 나열한 것이다. 흥미를 가지고 인간관계지수를 점검해보자.

다음 중 해당하는 항목에 체크한다.

- 최근에 주변 사람과 다툰 후 사과를 한 적이 있다.   (   )
- 주변 친구들과는 다정하게 지내는 편이다.   (   )
- 현재 만나는 애인, 연인과의 사이는 매우 좋은 편이다.   (   )
- 항상 남을 위해 배려해주는 스타일이다.   (   )
- 약속은 최대한 지키는 편이다.   (   )
- 매사 긍정적인 사고를 갖고 있다.   (   )
- 먼저 전화를 거는 편이다.   (   )
- 남의 험담은 하지 않는 편이다.   (   )
- 나로 인해 상대방이 피해를 입었다면 반드시 사과한다.   (   )
- 어떤 경우든 거짓말은 하지 않는다.   (   )
- 지금 당장 나에게 금전적으로 돈을 빌려줄 사람이 있다.   (   )
- 고민과 고통을 숨김없이 털어놓고 말할 사람이 있다.   (   )

- 평소 사람관리를 잘하는 편이다　　　　　　　　　　　(　　)
- 남을 잘 웃기는 스타일이다.　　　　　　　　　　　　(　　)
- 말을 하기보다는 주로 들어주는 편이다.　　　　　　　(　　)
- 형제들과 자주 연락하고 지낸다.　　　　　　　　　　(　　)
- 주변 친구들이나 지인들로부터 자주 전화가 온다.　　(　　)
- 나와 친한 친구가 내가 싫어하는 사람과 만나는 것이 싫다.　(　　)
- 주로 남을 위해 양보하는 스타일이다.　　　　　　　(　　)
- 주변 사람들의 대소사에는 반드시 참가한다.　　　　(　　)

　앞의 항목을 체크해보자. 전체 100점을 기준으로 항목당 5점만점으로 계산해서 자신의 인간관계지수가 얼마나 나오는지 알아보자. 점수는 항목당 최고가 5점이며 최하가 1점을 부여하는 식으로 계산해 보자. 만약 70점 이하가 나왔다면 한 번쯤 자신의 인간관계지수를 점검해 볼 필요가 있다. 비즈니스를 하는 사람이라면 더욱이 인간관계지수가 매우 중요하다.

　물론 인간관계지수가 잘 나오지 않았다고 해서 인간관계를 잘못하는 것은 아니다. 하지만 주변에서 제법 인간관계를 잘한다고 소문난 사람들이 평가항목을 선정해준 것이니 신뢰성이 높은 항목이라고 할 수 있다. 따라서 자신의 인간관계를 평가해보고 개선할 점은 없는지 생각해보자.

자신의 습관을 최대한 다스리자

매일 술 먹는 습관, 바람피우는 습관, 남을 욕하는 습관, 수입에 비해 돈을 많이 쓰는 습관, 공부 안 하는 습관, 애인을 자주 바꾸는 습관, 복장이 단정하지 못한 습관, 항상 책상이 지저분한 습관, 방 청소를 깨끗하게 하지 않는 습관, 잠을 많이 자는 습관, 항상 지각하는 습관, 말할 때 더듬거리는 습관, 속도위반으로 늘 고지서가 날아오는 습관, 쉽게 열받는 습관, 남이 잘되면 잠을 못 이루는 습관, 나이트클럽에 자주 가는 습관, 아침에 늦게 일어나는 습관, 저녁에 아주 늦게 자는 습관, 야식을 먹는 습관, 운동을 하지 않는 습관, 고기를 많이 먹는 습관, 아내와 대화를 거의 하지 않는 습관, 자식과 별 대화가 없는 습관, 주말에 잠만 자는 습관, TV가 없으면 못 사는 습관, 외식을 전혀 하지 않는 습관, 여행을 전혀 하지 않는 습관, 남에게 돈을 상습적으로 빌리는 습관, 인사를 잘하지 않는 습관, 인간관계에 관심이 없는 습관, 각종 모임에 나

가지 않는 습관, 집보다 밖에 있는 시간이 많은 습관, 옛날 애인을 자주 만나는 습관, 많이 먹는 습관, 남에게 늘 신세지는 습관, 영화는 죽어도 안 보는 습관, 광적으로 채팅하는 습관, 고스톱 치는 습관, 야한 장면을 상습적으로 보는 습관, 아내를 구타하는 습관, 자식을 구타하는 습관, 혼자만 다니는 습관, 약속을 안 지키는 습관, 무질서하게 통화를 많이 하는 습관 등 고쳐야 할 습관은 상당히 많다.

만약 이 많은 습관 중에서 자신에게 해당되는 것이 단 하나도 없는 사람이 있다면 습관을 최대한 잘 다스리는 사람이 아닌가 싶다. 그러나 대부분의 사람들은 한 가지 또는 두 가지 정도는 나쁜 습관을 가지고 있을 것이다. 또한 상황에 따라서는 더 많은 나쁜 습관을 가지고 있는 사람도 있을 것이다.

문제는 이런 습관을 아주 오래전부터 가지고 있었다면 고치기가 쉽지 않다. 습관은 몸에 배어 있기까지 하루아침에 된 것이 아니라 시간이 걸려 습관화된 것이기 때문에 역시 습관을 바꾸는 데도 시간이 걸릴 것이다. 그러므로 자기 스스로 기존의 습관을 얼마나 잘 다스릴 수 있는가가 중요하다.

수입에 비해 돈을 많이 쓰는 사람은 돈을 쓰는 그 시점에서는 전혀 깨닫지 못하다가 월말에 카드명세서가 날아오거나 은행 잔고가 바닥이 나면 그제야 "씀씀이를 줄였어야 하는데" 하며 후회한다.

이런 일로 부인과 남편이 말다툼을 하기도 한다. 지금부터라도 "나는 수입에 비례하여 최대한 씀씀이를 줄이자"라고 외쳐보자. 분명한 것은 습관을 고치기는 힘들지만 최대한 스스로 노력하면 다스릴 수 있다.

필자 역시 저녁시간대에 많이 먹는 습관을 가지고 있다. 하루 이틀 정도는 괜찮겠지 하고 먹다 보니 몸무게가 확 늘어난다. 그 제야 "저녁에 먹지 말았어야 하는데"라며 후회하지만 그런 습관을 바꾸기가 쉽지 않았다.

그래서 전략을 바꾸어버렸다. 나 자신의 습관을 최대한 다스려야겠다고 다짐한 것이다. 전에는 무리하게 먹었지만 지금은 먹기는 먹되 양을 줄였다. 마음속으로 '줄이자'라고 외치면서 말이다. 그랬더니 먹는 양을 훨씬 줄일 수 있었다.

이것만 가지고도 필자는 성공했다고 생각한다. 자신의 습관을 지금 당장 고치려고 하면 오히려 그 노력과 열정이 스트레스로 작용할 수도 있다. 고스톱에 미친 사람이 당장 "그래, 지금부터 끊었어"라고 실천하기란 하늘의 별을 따는 것만큼이나 어려운 일이다.

늘 담배를 피우던 사람이 텔레비전 광고에서 담배가 몸에 해롭다는 것을 보고는 "당장 끊자"라고 외치지만, 하루가 멀다 하고 또 피운다. 물론 당장 담배를 끊을 수 있다면 그것보다 더 좋은 방법이 없겠지만 말이다.

습관을 당장에 바꾸기보다는 습관의 강도를 낮추는 것이 오히려 효과적이다. 담배 한 갑 피우던 것을 반 갑으로 줄이고, 한 번도 외식을 하지 않았다면 한 번쯤 외식을 해보는 것도 괜찮다.

주말에 잠만 자는 사람의 입장에서야 "피곤하니까 잠을 자는 거지요"라고 말할 수도 있겠지만, 아무리 피곤해도 가족을 위해 반나절, 아니 단 한 시간이라도 짬을 내어 가족들과 함께 집 주위 놀이터에라도 나가보자. 당신의 습관이 바뀌면 부인과 아이들이 무척 좋아할 것이다.

이제 당신의 오랜 습관을 당장에 없애려 하기보다는 천천히 강도를 낮추어 스스로 습관을 다스려보자. 그러나 바람피우는 습관, 노름에 미친 습관, 아내를 구타하는 습관 등 악질적인 습관을 가진 사람은 당장 끊어야 한다.

🎯 자신의 습관을 최대한 다스리는 방법

- 나쁜 습관의 강도를 조금씩 줄여나가자.
- 시간을 갖고 천천히 해결한다.
- 전과 비교하여 조금씩 나아지는 것에 일단 만족하자.
- 나쁜 습관도 노력하기만 하면 얼마든지 좋은 습관으로 바꿀 수 있다는 믿음을 갖는다.
- 무의식적으로 해온 좋지 않은 습관을 스스로 통제해보자.
- "나는 하면 한다"라고 크게 외쳐보자.

낡은 습관을 버리고
새로운 습관을 익히자

낡은 습관을 버리고 새로운 습관을 익히는 것은 생각만큼 쉬운 일이 아니다. 그러나 자신의 노력과 열정에 따라 새로운 습관도 정복하기 힘든 것은 아니다.

우리는 담배를 피우면서도 항상 마음속으로는 '담배를 끊어야지' 하고 다짐하지만 쉽게 담배를 끊지 못한다. 그러나 사람들은 새로운 습관을 받아들이지 못하다가도 결정적인 시간이 오면 강한 결심을 한다.

예를 들어 의사가 "지금부터 담배 한 개비만 피우면 당신은 죽습니다"라고 하면 당장 담배를 끊는다는 것이다. 간혹 담배가 사람의 목숨보다 더 중요하다며 차라리 죽음을 택하는 사람도 있겠지만 그것은 극히 드문 일이다.

이렇듯 사람들은 결정적인 순간이 오기까지는 자신의 습관을 스스로 통제하기 힘들다고 하니, 새로운 습관을 받아들이는 것이 얼마나 힘들지는 모두가 아는 사실이다. 의사가 당신에게 죽을지도 모르니 당장 끊으라고 하면 당신은 의사가 시키는 대로 당장 술을 끊고 담배를 끊고 식사의 양을 줄인다.

이를 두고 심리학 전문용어로 '중요한 감정적 경험'이라고 한다. 말 그대로 중요한 감정적 경험을 하게 되면 사람들은 급박해진다. 그러나 만약 의사가 아니고 주변 사람들이 이런 말을 했다면 "괜찮아" 하면서 고치지 않는다. 그만큼 감정적 경험이라는 것은 전문가의 말에 의해 강도가 높아진다.

습관도 습관 나름이라고 볼 때 고치기가 아주 어려운 습관이 있는가 하면, 조금만 노력하면 나쁜 습관을 버리고 새로운 습관을 받아들일 수도 있다. 그렇다면 새로운 습관을 지니기까지의 과정을 단계별로 살펴보기로 하자.

일단 1단계에는 자신이 마음먹은 습관, 예를 들면 담배를 끊는다, 술을 끊는다, 아침 일찍 일어난다, 조깅을 한다 등 현재 자신이 갖고 있지 않은 습관을 하나 선택한다.

만약 담배를 끊겠다는 결심을 했다면 이 새로운 습관을 길들이기 위해 어떻게 하는지 살펴보자. 필자 역시 오래전에 담배를 이 방법으로 끊었기 때문에 권하는 것이다.

- 1단계 : 먼저 자신이 원하는 새로운 습관 한 가지를 정한다(담배 끊는 새로운 습관).
- 2단계 : 새로운 습관이 결정된 후 결심을 다진다. '나는 반드시 담배를

끊는다'라고 속으로 여러 번 외친다. 그리고 담배를 앞에 두고 "내가 이길 것인가, 담배가 나를 이길 것인가" 하고 외치면서 담배를 뚫어지게 본다.

- 3단계 : 주변에 담배를 모두 치운다. 치울 때는 확실하게 없애버린다. 그리고 난 후 주변 사람들에게 알린다. 확실하게 담배를 끊었다고 말하라. 만나는 사람마다 알린다. 특히 가장 가까이에 있는 사람에게 먼저 알린다.

- 4단계 : 담배를 피우지 않는 자신의 모습을 상상해본다. 그리고 주변에서 담배를 끊은 것에 대해 칭찬하는 장면을 상상해본다. 이런 상상을 계속한다.

- 5단계 : 담배를 피우고 싶어 도저히 못 참을 때는 다시 한 번 크게 외친다. "나는 지금 담배와 전쟁 중이다. 나는 이겨야 한다. 나는 반드시 이긴다"라고 반복해서 외쳐라.

- 6단계 : 담배를 피우고 싶어 미치겠으면 이제부터 피웠을 때의 비참함을 상상해본다. 주변 친구와의 약속, 나 자신과의 약속, 나의 무능함 등. 그리고 눈을 감고 "지금은 담배와 전쟁 중이다"라고 크게 외친다.

- 7단계 : 자신이 담배와의 전쟁에서 이겼다면 당장 또 한 번 알린다. "나는 확실하게 나 자신을 이겼어. 나는 마음만 먹으면 안 되는 것이 없어"라고 말이다. 반복해서 계속 자신을 칭찬하라.

새로운 습관을 받아들이는 것은 때로는 엄청난 노력이 필요한 일이다. 그러나 자신이 가지고 있는 습관을 자신이 해결하지 않으면 누가 해결해주겠는가. 담배나 술을 끊는 것은 자신이 해결해야 하는 습관이다.

자신과의 싸움에서 지는 것보다 더 비참한 일은 없다. 그러나 새로운 습관을 받아들일 때는 시간을 가지고 천천히, 그러면서도 단호하게 실천해야 한다.

🎯 새로운 습관을 받아들이는 7단계 연습 따라하기

- 1단계 : 새로운 습관을 하나 선택한다.
- 2단계 : 결심을 한다.
- 3단계 : 주변 사람들에게 알린다.
- 4단계 : 새로운 습관을 익힌 자신의 모습을 상상한다.
- 5단계 : "나는 나쁜 습관과 전쟁 중이다"라고 반복해서 외친다.
- 6단계 : 새로운 습관을 익히는 데 실패했을 때의 비참함을 상상해본다.
- 7단계 : 새로운 습관을 받아들인 자신에게 특별한 보상을 해준다.

취미가 없으면
따분한 사람 취급받는다

취미는 실익을 생각하지 않고 자신이 좋아서 하는 것을 말한다. 자신이 좋아서 스스로 택한 것이라고 할 수 있다. 취미는 사람마다 다양하다.

현대사회는 점차 다원화되고 복잡한 사회가 되어가고 있어 매일 스트레스가 많이 쌓인다. 이를 극복하기 위해서라도 자신이 좋아하는 취미활동은 실로 중요한 것이다.

과거에는 취미활동이라고 하면 돈이 있거나 시간적 여유가 있는 사람이나 하는 것으로 생각했다. 그러나 이제는 시간과 돈이 없다 하더라도 누구에게나 필요한 것이 취미활동이라고 할 수 있다. 돈이 많이 들어가는 취미생활도 있지만 자신이 하는 일에서 취미를 가질 수도 있다.

또 한 가지는 인간관계를 맺는 데 있어 취미생활은 필수이다. 취미와 관련된 동우회도 상당히 많이 늘어나고 있다. 이들은 인터넷 사이트에서 정보를 교환하기도 하는 등 서로 커뮤니케이션을 하고 있으며, 시간이 나면 만나서 취미생활을 공유하기도 한다.

"당신은 취미가 뭡니까?"라고 물을 때 "글쎄요, 아직 취미가 없습니다"라고 말하면 상대방은 당신을 따분한 사람으로 생각한다. 아니, 어떻게 좋아하는 취미 한 가지가 없단 말인가. 취미를 갖게 되면 사람들을 만나기도 쉽고 여가시간을 적절하게 보낼 수 있는데 말이다.

취미를 갖는 것을 몹시 꺼리는 사람도 적지 않다. 취미를 마치 특기처럼 인식해서 자신이 잘하는 특기가 없어 취미를 갖지 못한다고 생각하기 때문이다.

그러나 취미란 잘하고 못하고를 떠나서 자신이 좋아하는 것이기 때문에 처음부터 잘하려 하기보다는 흥미를 가지려고 노력하는 것이 중요하다.

취미에 미치면 시간 가는 줄 모른다. 그렇다고 고스톱을 취미로 삼아 매일 인터넷에서 고스톱이나 하고, 경마에 미쳐 일요일마다 경마장에서 하루 종일 시간을 보내는 것은 오히려 벗어나야 할 악취미이다.

그러나 사람들은 의외로 이러한 것들을 위험하게 생각하기보다는 처음에는 흥밋거리인 취미로 생각하여 즐긴다. 그러다가 결국 중독되어 목숨까지 잃는 일도 비일비재하다.

취미생활은 심신을 단련시키고 좋아하는 사람들끼리 동우회도 형성하여 좋은 인간관계를 맺기 위한 하나의 도구로 사용해야 한다. 그리고 좋아하는 것을 함으로써 자신이 하는 일에 더 열중할 수 있으며 근무의욕을 고취시킬 수 있다. 취미를 놀기만 하는 거라고 인식해선 안 된다는 것이다.

대부분의 사람들이 취미를 정년퇴임 후나 직장을 그만두고 나이가 들어서 갖는 것으로 생각하지만, 그것은 잘못된 판단이라고 할 수 있다. 취미는 젊었을 때 가지는 것이 좋다.

오랫동안 취미활동을 하다 보면 그것이 하나의 직업이 될 수도 있고, 취미로 인해 스타가 되기도 한다. 우선 가까운 곳에 가서 자신이 좋아하는 취미활동에 등록하자. 탁구, 드럼 치기, 색소폰 불기, 승마, 골프, 수영 등 다양한 취미활동이 요즘 한창이다.

또한 사교춤 같은 것도 배워놓으면 상당히 좋다. 나이가 들어서도 좋지만 춤 동우회에 가면 많은 사람들을 만날 수 있고, 인간관계를 넓히는 데도 춤은 상당히 큰 도움이 된다.

취미를 갖기 위해 의식적으로 노력하기보다는 여유시간을 어떻게 활용할 것인가를 생각하면 자연스레 취미를 갖게 될 것이다.

🎯 취미생활 길들이기

- 자신이 좋아하는 취미를 한 가지 선택하자.
- 여유시간을 취미로 활용하자.
- 취미를 가지고 있으면 인간관계를 넓힐 수 있다.
- 돈이 들어가는 취미도 있지만 돈이 전혀 들어가지 않는 것도 많다.
- 취미가 없는 사람만큼 재미없는 사람도 없다.
- 취미는 사람을 행복하게 만들어준다.

6장

사람에 대한
고정관념을 버려라

사람을 보자마자 선입견을 가지고 굳게 믿어버리는 것을 두고 '고정관념'이라고 표현한다. "그 사람은 깐깐해 보이는데", "충청도 사람이군. 말이 좀 느리지 않아?" 하면서 말이다.

그러나 충청도 사람이라고 모두 말이 느린 것은 아니다. 필자도 충청도 사람이지만 주변에서는 필자가 너무 말을 빨리 한다고 말한다. 충청도 사람이면 말이 느려야 하는데 말이다.

또한 안경 쓴 사람은 깐깐해 보인다는 고정관념을 가지고 대하는 경우도 있다. 그래서 괜스레 안경 낀 사람이 물건값을 깎는 것하고 안경을 끼지 않은 사람이 물건값을 깎는 것을 달리 생각하기도 한다. 안경 낀 사람이 값을 깎는 것은 깐깐하기 때문이라고 생각하고, 안경을 끼지 않은 사람이 값을 깎으면 물건이 좀 비싼 것 같다고 생각한다는 것이다.

뿐만 아니라 군인헌병이나 경찰 복장을 한 사람이 갑자기 나타나면 '내가 뭔가 잘못한 것이 있나?'라고 생각한다. 고정관념으로 경찰이나 군인헌병 복장은 범죄를 조사하는 것과 연관시키기 때문이다.

긍정적인 고정관념은 괜찮지만 부정적인 고정관념을 갖는 것은 큰 문제가 될 수 있다. 대부분의 사람들은 운동권 출신이라고 하면 '아, 데모를 많이 했겠군. 상당히 직선적이지 않을까?', '불의를 보면 못 참는 성격이겠군'이라고 생각한다.

필자는 호텔에서 지배인으로 근무할 때 노조위원장과 가끔 술을 마신 적이 있다. 필자 역시 노조위원장에 대해서 '음, 경영에 대해 상당한 불만을 가지고 있겠군' 하고 고정관념을 갖고 대한 것이 사실이다.

그런데 노조위원장과 술 한잔 하면서 대화를 나누어보니 전혀 그렇지 않았다. 처음 한두 번은 경계를 했지만 같이 여러 번 대화를 나누고 술을 마시다 보니 필자가 평소 생각한 고정관념과는 전혀 달랐다.

사람들이 인간관계를 맺으면서 실수하기 쉬운 것 중 하나가 바로 고정관념에서 생기는 편견이라고 할 수 있다. 사람을 정상적으로 보지 않고 삐딱하게 보는 데서 문제가 생기는 것이다.

예컨대 주변에서 "박씨는 성격이 아주 까다로운 사람이야"라고 하면 박씨와 말을 건네기도 전에 '정말 까다롭게 보이는군' 하고 생각하게 된다.

고정관념과 편견은 개인적인 인간관계에서만 문제가 되는 것이 아니다. 과거 유태인을 학살한 사건이나 유고 내전에서의 민족말살과 같은 큰 사건도 고정관념과 편견이 지배했기 때문에 발생한 것이라고 할 수 있다.

이 정도로 인간관계에서 고정관념을 갖고 대하는 것은 무엇보다 위험한 일이다. 고정관념을 가지고 있어서 부정적인 시각으로 보이던 사람이라도 그와 대화를 나누면서 그 사람의 특성을 파악하면, 오히려 자신이 생각했던 것 이상의 호감을 느끼는 경우가 의외로 많다. 직접 대화도 하고 생활하면서 솔직하게 표현하면 상대방도 진심으로 대해 결국 고정관념과는 완전히 다른 사람을 만나는 큰 효과를 인간관계에서 얻을 수 있다.

다른 사람이 상대방에 대해 부정적인 고정관념으로 대한다고 해서 나까지 거기에 동조할 필요는 없다. 나만의 특성, 나만의 개성, 나만의 인간관계를 가지고 상대방을 대하는 습관이야말로 진정한 인간관계를 맺는 지름길이라고 할 수 있다.

따라서 평소 사람을 평가할 때 편견이나 고정관념을 가지고 있다면 그런 습관은 빨리 버리는 것이 좋다. 사람은 겪어봐야 아는 것이지 겉모습이나 소문으로 판단해서는 절대 안 된다.

🎯 고정관념이나 편견에서 벗어나는 연습

- '사람은 겪어봐야 안다'는 격언을 명심한다.
- 첫인상으로 그 사람의 모든 것을 파악할 수는 없다.
- 소문은 소문으로 끝나는 경우가 많다.
- 사람에 대한 고정관념과 편견은 자신에게 마이너스가 된다.
- 함께 일하면서 직접 눈과 마음으로 상대를 평가한다.

지나친 수줍음은
사회생활을 방해한다

필립 짐바르도Philip Zimbardo의 연구조사에 따르면, 미국인의 약 80%가 수줍어한 적이 있다고 응답했다고 한다. 게다가 40%는 현재 자신이 수줍음을 느낀다고 응답한 것을 볼 때 미국인은 수줍음이 많다는 것이다. 우리나라도 조사를 한다면 상당수의 사람들이 수줍음을 느낀다는 결과가 나오지 않을까 생각된다.

"창피하다.", "많은 사람들 앞에 서면 불안하고 실수할 것 같다."

이런 말을 주변에서 많이 듣는다. 필자 역시 강의를 하다 보면 가끔 수줍음을 느낄 때가 있다.

상황에 따라서 수줍음을 느끼는 것은 이해가 되지만 사람만 보면 피하거나 얼굴이 빨개지는 사람이 있다. 그런데 이런 사람들은 대부분 친한 사람과 같이 있는 경우에는 말도 잘하고 잘 어울리지만, 낯선 사람을 만나는 경우나 사람들 앞에 나서서 말할 때는 제대로 표현을 못할 정도로 수줍음을 느낀다는 것이 문제이다.

쇼핑할 때 비싸다고 생각되면 값을 깎아야 함에도 불구하고 그런 말을 하지 못한다. 식당에 가서도 당당하게 주인에게 요구해야 할 것을 하지 못하고 그냥 넘어간다. 그 이유는 수줍어하기 때문이다. '괜스레 부탁했다가 거절당하면 어쩌지'라고 생각하면서 말이다.

수줍어하는 사람들은 대부분 자신감이 없거나 자신이 상대방보다 유능하지 않고 뒤떨어진다는 생각에 사로잡혀 수줍음을 타는 경우가 많다. 남 앞에서 당당하게 자신의 의견을 주장하고 상대방의 의견을 반박해야 할 때도 남 앞에 나서기를 꺼려하기 때문에 문제가 된다.

물론 여성들이 남성을 소개받을 때 수줍어하는 경우도 많이 있다. 괜히 얌전을 빼는 경우도 있지만 실제로 수줍어서 제대로 말을 못하거나 얼굴이 빨개지는 경우도 상당히 많다.

인간관계를 맺는 데 있어 어느 정도의 수줍음은 아량으로 보아 넘어갈 수 있지만, 지나친 수줍음은 상대에게 거부감을 주거나 오해를 불러일으킬 수도 있다. 생각해보라. 상대방은 열심히 자신의 의견을 말한 다음 당신의 말을 듣고 싶어 하는데 당신은 수줍어서 제대로 말하지 못한다면 더 이상 대화를 이어나가기가 어렵다.

또한 첫 만남에서부터 자신을 제대로 알리지도 않고 가만히 앉아 있기만 한다면 '나에게 별로 관심이 없군'이라고 속단해버릴 수 있다.

특히 지금은 자기표현을 확실하게 하는 시대가 아닌가. 말도 잘하고 남을 잘 웃기기도 하고, '좋아한다, 싫어한다'를 분명히 밝히는 시대가 아닌가. 그런데 말도 못하고 한쪽 끝에 가만히 앉아 있다면 대인관계에서 큰 문제가 될 수 있다.

필자가 알고 있는 한 강사도 수줍음이 너무 많아 때로는 얼굴을 보기가 민망할 정도이다. 그는 필자한테만 그러는 것이 아니라 만나는 사람 대부분에게 그런 태도를 취한다. 연구도 많이 하고 배울 만큼 배운 사람이 그런 행동을 보이는 것은 사회생활이나 인간관계에서 큰 문제가 아닐 수 없다.

실질적으로 그가 만나는 사람은 극히 제한적이다. 모임에 나와서도 그는 말을 거의 하지 않는다. 그리고 상대방이 어떤 말을 하면 바로 얼굴이 빨개진다. 참으로 안타깝다.

인간관계를 맺는 데 있어 지나친 수줍음은 이처럼 장애요인이 된다. 그렇다면 어떻게 수줍음을 없앨 것인가?

수줍음을 없애기 위해서는 일단 상대방과의 시선을 가장 먼저 생각해야 한다. 수줍음의 대부분은 상대의 눈을 피하거나 상대가 보이지 않는 곳에 숨어버린다는 것이다. 수줍음을 하루아침에 없애기는 힘들지만 자신감을 가지고 상대에게 관심을 표시하기만 해도 상대는 당신을 수줍음이 많은 사람으로 보지 않을 것이다.

그러나 수줍음이 장점으로 작용할 때도 있다. 처음 만난 여성이 말을 많이 하거나 거리낌이 없는 것보다는 수줍어하는 모습이 더 좋아 보일 수도 있다. 문제가 되는 것은 수줍음의 정도이다.

🎯 대인관계에서 수줍음을 없애기 위한 연습

- 자신감을 가지고 상대를 대한다.
- 사전에 충분한 준비를 하고 만난다.
- 만나기 전에 상대방과 자유롭게 대화하는 장면을 상상해본다.
- '나는 항상 자신감이 있다'라고 속으로 다짐한다.
- 사람을 두려워하지 않는다.
- 실수를 두려워하지 않는다. 실수가 오히려 미덕이 되는 경우도 많다.

양보하면 더 큰 것을 얻는다

양보라고 하는 것은 그리 쉬운 일은 아니다. 양보를 하면 무언가 상대방에게 밀린다는 생각, 내가 상대방보다 부족하다는 느낌, 자존심 등으로 인해 양보를 하는 것을 꺼린다.

양보를 하려면 마음이 어느 정도 너그러워야 한다. 살아가면서 지켜야 할 것이 너무도 많다. 운전하면서 지켜야 할 법규, 부부가 살아가면서 서로를 아껴주는 마음, 형제 사이의 우애, 부모가 자식을 생각하는 마음 등 서로의 관계에서 지켜야 할 것들이 있다.

그러나 사람들은 살아가면서 지켜야 할 것을 제대로 지키지 못하고 있다. 물론 잘 지키는 사람도 있지만 말이다.

살아가면서 지켜야 할 것을 제대로 지키지 못하는 원인이 무엇이냐고 묻는다면, 그것은 바로 양보의 정신이 부족하기 때문이라고 생각된다. 모든 싸움의 원인, 예를 들면 갈등, 비판, 증오 등은 모두 양보를 하지 않기 때문에 발생한다.

양보는 사람들이 살아가면서 없어서는 안 될 아주 중요한 덕목이다. 모든 사람들이 양보하는 마음을 가지고 있다면 불평불만이 전혀 발생하지 않을 것이다.

그러나 사람들이 양보를 하지 않는 이유는 무엇일까? 그 대답은 간단하다. 내게 소중한 것은 상대방에게도 소중하다는 사실을 인지하지 못하기 때문이다. 자기의 이익만 생각하고 상대방이 손해를 본다는 사실은 전혀 신경 쓰지 않으니 말이다.

한번은 운전 중에 좁은 길에서 사람들이 서로 차를 비키라며 싸우는 장면을 목격한 적이 있다. 한 차선이었기 때문에 한쪽의 차가 지나가고 난 뒤 반대 방향에서 차가 들어오게 되어 있었다.

그러나 서로가 바빠서 그런지 동시에 출발하여 두 대의 차가 중간 정도에서 만나게 되었다. 두 운전자는 한 치의 양보도 하지 않았다. "당신이 먼저 비켜주어야지 내가 어떻게……"라면서 서로 비키지 않는 것이었다.

시간이 한참 지났는데도 두 사람은 한 치의 양보도 하지 않았다. 멀리서 이 광경을 지켜본 필자는 '아니, 한 사람이라도 먼저 양보하면 될 것을……'이라고 속으로 생각했다. 두 사람 다 정말 한심하다는 생각이 들었다.

계속해서 양보하지 않더니 급기야는 싸움으로 번져 경찰차까지 출동한 뒤에야 해결되었다. 물론 두 사람은 딱지를 떼고 경찰서로 갔다.

결국 두 사람은 마지막 순간까지 양보를 하지 않다가 서로 큰 피해를 본 뒤에야 타인이나 기관에 의해 해결된다. 하지만 결국 문제가 해결된 것은 아니지 않는가.

물론 양보가 쉬운 일은 아니다. 한 사람이 양보한다는 것은 그만큼 손해를 감수한다는 것이므로 쉽지 않다.

그러나 양보를 하다 보면 의외로 기대하지 않았던 결과를 가져올 수도 있다. 오히려 양보를 하여 상대방과 더 가까워지는 계기가 되는 경우도 있다. 또한 사업에서도 경쟁 파트너와 협력관계를 유지해 동반 상승할 수 있는 기회가 될 수도 있다. 물론 쉽지는 않겠지만 말이다.

그러나 양보를 하는 데도 알아두어야 할 것이 있다. 처음부터 양보를 하지 않고 상대방을 실컷 애태우고 난 뒤 양보한다면 상대방이 '그래, 어디 두고 보자'라는 감정을 가질 수 있다.

따라서 일단 양보를 하기로 했다면 과감하게 주도적이 되는 것이 좋다. '내가 먼저 양보하자'라고 확실하게 선을 긋고 시작하는 것이 좋다.

사람과의 감정문제는 쉽게 해결되지 않지만, 양보하는 것에 대해서는 의외로 약한 모습을 보인다. 한 차선에서 서로 양보하지 않고 버티기보다는 '그래, 내가 조금 손해를 보더라도 양보하자' 하면서 번거롭지만 차를 뒤로 후진하여 빼준다면, 상대방은 당신에게 감탄할 수 있다는 것이다. 그리고 차에서 내려 당신에게 "감사합니다"라고 인사하고 명함을 한 장 건넬 수도 있다.

물론 이와는 달리 고맙다는 표현도 안 한 채 그냥 차를 휙 몰고 사라지는 사람도 있다. 양보를 할 때 상대방에게 어떤 것을 바라고 한다면 오히려 마음이 아플 수도 있다. '괘씸한 놈이군. 고맙다는 말도 안 하고 그냥 가다니'라고 생각하면 그날 하루 종일 기분이 좋지 않다. 그냥 '그래, 내가 양보한 게 잘한 거야'라고 단순하게 생각하자는 것이다.

한 가지 분명한 사실은 당신이 평소 양보하는 자세를 가진다면 그러한 습관이 인간관계에서도 좋게 작용해서 당신을 좋은 사람으로 변신을 시킬 수 있다는 것이다. 양보를 실천하는 것은 인간관계에서 상당히 중요한 일이기 때문이다.

결국 이런 실천이 당신의 인간관계의 질을 높여주고, 당신 주변에 사람들을 모여들게 한다. 더욱 중요한 것은 양보를 한 당신에게 주변에서 칭찬과 격려를 아끼지 않는다는 것이다. 상대방과의 관계도 중요하지만 주변 사람들과의 관계도 상당히 중요하기 때문이다. 또 양보를 하다 보면 상대방이 당신에 대해 가지고 있는 경계심을 풀어주는 효과도 있다.

🎯 양보하는 습관 들이기

- 양보할 때는 먼저 주도적으로 나서라.
- 작은 것을 가지고 다투다 보면 큰 것을 잃어버린다.
- 양보를 하면 주변에서도 당신을 좋은 사람으로 생각한다.
- 양보하면 처음에는 손해를 보지만 나중에는 의외의 결과를 얻기도 한다.
- 양보는 아무나 하는 것이 아니므로 양보하는 것에 대해 자부심을 가진다.
- 양보하는 자세를 갖다 보면 주변 사람들과 좋은 관계를 유지할 수 있다.

주변 사람들과 어울리는 습관

혼자만 묵묵하게 열심히 일하는 사람이 있다. 주변에서도 있는 지조차 모를 정도로 조용하다. 말도 없고 남에게 부탁도 안 하고 오로지 혼자서 일을 처리하고 혼자 칭찬을 듣는다.

그러나 왠지 진급 발표자 명단에는 항상 빠진다. 그리고 회사의 인기투표에서도 이름조차 거론되지 않는다. 윗사람에게 일 잘한다고 소문난 사람이 말이다.

이렇듯 사람들은 자신의 일만 열심히 하면 만사가 잘될 거라고 믿고 있지만 결과는 실망스러운 경우가 의외로 많다. 그 이유는 간단하다. 실제 조직이나 단체에서는 유능한 개인의 힘이 필요한 경우도 있지만 조직에 융화할 수 있는 개인의 힘이 더욱 필요하다.

개인기가 뛰어나고 머리가 좋아 항상 남보다 앞서가는 사람 중에는 오히려 자신의 뛰어난 재능으로 인해 피해를 보는 사람이 의외로 많다. 조직에서 융합되지 못하고 심지어는 스트레스로 인해 직장을 그만두는 경우도 있다. "대화가 통하지 않아" 하면서 주변 사람들을 탓하고는 사표를 던진 채 다른 직장으로 옮긴다. 그러나 다른 직장에 가더라도 마찬가지로 오래 근무하지 못한다.

사람의 능력과 개인기는 상당히 중요하지만, 그보다 더 중요한 것은 조직에서 주변 사람들과 융화하며 커뮤니케이션을 활발하게 하는 것이 아닌가 싶다. 사람이 말이 없으면 그것보다 재미없는 것은 없다. 말이 없는 탓도 있지만 남 앞에서 발표하라고 하면 아무 말도 하지 못하고 중얼거리며 내려오는 사람도 있다.

이렇다 보니 최근 대기업을 중심으로 신입사원 시험에서 프레젠테이션을 실시하는 기업이 늘어나고 있다. 다른 사람 앞에서 자신감 있는 대화는 고객을 대하는 기업에서는 필수적인 일이다. 기업에서는 유능한 사람을 채용하기 위해 다른 사람 앞에서 확실하게 발표하는 것을 사장들이 직접 테스트해보는 것이다.

입사를 해도 마찬가지이다. 주변 사람들과의 원활한 커뮤니케이션이 중요하다.

입사한 지 얼마 안 된 신입사원 중에서 벌써 같은 과의 직원들과 원활한 인간관계를 조성해놓은 사람이 있는가 하면, 아직도 주위의 직원과 대화조차 하지 않은 신입사원도 많다. 말 그대로 개인의 커뮤니케이션을 못하고 있는 것이다. 부서장의 입장에서 볼 때 답답할 따름이다.

개인의 커뮤니케이션을 넓히기 위해서는 무엇보다 주변 사람들과 자주 대화를 해야 한다. 그리고 온라인상에서도 커뮤니티를 활

성화해 자신을 알리는 것 역시 커뮤니케이션을 활성화하는 데 큰
도움이 된다.

　사람들과의 원활한 대화는 인간관계에서 매우 중요하다. 그러
나 원활한 대화를 위해서는 개인이 준비해야 할 것이 있다. 우선
어떤 식으로 말해야 상대방이 나에게 호감을 가질 것인지 생각해
야 한다.

　말을 많이 하기보다는 남의 말을 잘 듣는 사람이 되어야 하며
칭찬을 아끼지 않는 대화 습관, 소극적인 대화보다는 적극적인 방
식으로 대화하는 습관, 여러 사람이 모여 있는 경우 항상 첫마디
는 사전에 준비하여 말하는 습관 등을 길들이면 좋다. 갑자기 말
을 해서 주변 사람들을 당황하게 해서는 안 된다.

　또 말을 할 때는 혼자만 열심히 하는 것이 아니라 순서를 지켜
말하는 습관 역시 중요하다. 말하는 사람의 표정도 중요하다. 화
난 얼굴로 말하는 사람은 언제 어디서나 그 표정이 쉽게 바뀌지
않는다.

　태국에서는 초등학교 때부터 웃음을 학생들에게 가르친다고 한
다. 대화할 때 웃음은 상대방의 긴장감을 해소시켜주고 나를 좋은
이미지로 변신시켜주는 데 큰 역할을 한다.

　'나는 내성적이라 말을 잘 못해'라고 스스로 포기하면 커뮤니케
이션 습관을 들이기가 무척 어렵다. 항상 적극적인 자세로 상대방
을 대하는 습관이 중요하다. 문제는 사람들을 피하려는 데 있다.

사람 만나기를 꺼린다면 방법이 없다.

그렇다면 주변 사람들과 커뮤니케이션을 하기 위해서 어떤 습관을 가져야 할지 살펴보자.

첫 번째는 사람 만나는 것을 즐겨야 한다. 사람 만나는 것을 피곤해하고 귀찮게 생각해서는 안 된다. 인간관계를 위해서도 사람 만나는 시간을 정해놓고 정기적으로 만나는 것이 좋다.

두 번째는 각종 모임에 빠지지 않고 나간다. 참석해서 말을 잘 못하더라도 다른 사람들의 말을 듣고 어울리다 보면 저절로 대화하는 습관이 몸에 밴다.

마지막으로 세 번째는 적극적인 사고를 가지고 임해야 한다. '인간관계는 커뮤니케이션에서 비롯된다'는 걸 명심하고 말이다.

◎ 주변 사람들과 원활한 커뮤니케이션 연습하기

- 모임에 자주 참석한다.
- 인간관계는 커뮤니케이션에서 비롯된다는 것을 항상 기억한다.
- 독불장군은 오래 가지 못한다.
- 당신의 능력은 주변에서 알아주니 커뮤니케이션 능력만 갖추면 된다.
- 말을 잘 못하더라도 들어주기만 해도 상대방은 좋아한다.
- 사람들과 대화하는 습관을 즐겨라.

멋있게 옷 입는 습관

친구의 결혼식장에 수영복을 입고 나타나는 사람이 있을까? 그렇다면 모든 사람들이 "제정신이 아니야"라며 손가락질할 것이다. 또한 맞선을 보러 나온 남자가 멀리서도 볼 수 있는 큰 금목걸이, 팔찌, 휴대폰 크기의 손목시계 등으로 치장하고 나왔다면 '서커스 단원인가'라고 상대방은 생각할 것이다.

이렇듯 사람들이 입고 있는 복장은 상당히 중요하다. 아무리 얼굴이 잘생긴 사람일지라도 옷을 허름하게 입고 나타나면 빛이 나지 않는다. 그리고 사람들은 이구동성으로 "좀 수준이 낮은 사람 같군"이라고 말한다. 옷을 보고 사람을 평가하는 것은 잘못된 일이지만, 실제로는 옷차림을 무시할 수 없다는 말이다.

일단 옷을 잘 입고 나오면 얼굴이 그다지 잘생기지 않은 사람일지라도 "옷이 참 잘 어울립니다. 색깔이 정말 멋지네요"라고 한다. 그러고는 당신에게 호감을 갖는다. 말도 걸어보기 전에 당신에게 호감과 매력을 느끼는데 대화는 당연히 잘 풀리지 않겠는가.

옷을 잘 입는다는 것은 시간, 장소, 상황에 맞는 적절한 옷차림을 하고 나타나는 것을 말한다. 언제 어느 상황에서도 정장을 입고 나타나는 사람도 있지만 굳이 그럴 필요는 없다. 골프장이라면 기능적인 골프 패션 옷을 입으면 되는 것이고, 파티장이라면 드레스 코드에 맞는 옷을 입으면 되는 것이다.

취업 시즌이 다가오면 대학생들은 난리다. 어떤 옷을 입어야 면접에서 좋은 점수를 받을지, 상대방에게 좋은 인상을 심어줄 수 있는 넥타이 색깔은 무엇인지 알아내기 위해서 말이다. 그러나 쉽게 선택하지 못한 채 이 사람 저 사람에게 물어본다.

옷을 입는 것 역시 평소의 생활습관에서 나온다고 보면 된다. 주변에서 자세히 살펴보면 금방 알 수 있다. 항상 옷을 잘 입고 맵시 있게 보이는 사람은 정해져 있다. 반대로 항상 옷을 못 입는 사람도 정해져 있다. 그만큼 습관이 되어버린 것이다.

옷 입는 것이 사회생활에서 얼마나 중요한지 모르는 사람은 옷 입는 습관을 게을리해도 좋다. 그러나 옷을 잘 입고 상황에 따라 어울리는 옷을 잘 코디하는 사람은 항상 주변에서 좋은 이미지로 평가해준다는 사실을 명심해야 한다.

예를 들면 넥타이를 선택하는 데도 옷을 잘 입고 이미지를 생각하는 사람은 색깔과 재질을 신중하게 선택한다. 자신의 체형에 따라서 말이다. '키가 크고 뚱뚱한 사람이라면 차가운 색상에 무늬는 작은 것을 선택하면 몸매에 맞게 잘 어울린다. 반대로 키가 크고 마른 체형이라면 밝은색 계통의 실크 넥타이를 매면 좋다'라는 지식을 갖고 있다는 것이다.

맞는 말이다. 그 사람의 체형에 맞는 넥타이를 매면 "박 대리, 넥타이 끝내주게 멋있어"라는 말을 듣는다. 이런 말을 들은 박 대리는 하루 종일 기분이 좋다. 그것도 20대의 젊은 여직원한테 들었다면 기절할 정도로 기분이 좋을 것이다.

《세일즈맨의 죽음》이라는 소설에 등장하는 아서 밀러는 사람들을 만나러 갈 때마다 구두의 광을 번쩍번쩍 내고 갔다고 한다. 사람들이 구두를 보는 순간 '아주 깨끗한 사람이군' 하고 생각할 정도로, 사람들은 깨끗한 구두를 보면서 세일즈맨에게 더 관심과 매력을 느꼈다고 한다.

이처럼 당신이 입고 있는 옷차림에 따라 훨씬 더 멋있고 매력 있는 사람으로 보일 수 있다. 미국이나 영국 사회에서는 신사가 경쟁력을 갖추려면 적어도 5가지 이상의 색깔과 재질을 갖춘 양말을 준비해서 매일 갈아 신어야 한다는 말도 있다.

그러나 옷을 잘 입는 것에 대해 부정적인 시각으로 바라보는 경우도 많다. 사치스럽다고 생각하기 때문이다. 하지만 돈을 많이 들이지 않고도 얼마든지 자신의 복장을 돋보이게 할 수 있다. 대신 항상 복장에 신경 쓰는 습관을 들여야 한다. 옷을 잘 입고 못 입는 것은 평소의 생활습관에서 나오기 때문이다.

백화점에 가서 판매원이 "목둘레가 얼마입니까?"라고 물으면 대부분의 사람들은 "글쎄요, 재봐야겠는데요"라고 말한다. 적어도 복장과 코디에 관심이 있는 사람이라면 자신의 목둘레나 허리둘레는 기본적으로 알고 있어야 한다. 자신의 체형을 나타내는 데 필수적인 수치를 몰라서야 어떻게 옷을 잘 입고 다니겠는가.

이런 것은 모두 옷을 잘 입는 데 무관심하기 때문이다. 평소 술값으로 많은 돈을 지출하면서도 옷에 대해서는 인색하다. 술은 무슨 술이 좋고 어디가 맛있는지 알면서도 옷에 대해서는 전혀 무관심하다는 것은 현대인에게는 맞지 않는 일이다.

넥타이를 아주 짧게 매면 사람들은 '아주 짠 사람이군'이라고 생각한다. 반대로 너무 길게 매면 '저 사람 좀 초라해 보이는데'라고 생각한다. 꼭 비싼 넥타이를 매라는 것이 아니다. 넥타이를 어떻게 맬 것인가가 문제이다.

평소 옷을 잘 입는 습관은 돈을 많이 지불해서 비싼 옷을 사라는 것이 아니다. 색깔, 디자인, 자신에게 어울리는 코디에 대해 좀 더 관심을 가지라는 것이다. '옷이 날개'라는 말이 있듯이 평소 옷을 잘 입는 습관을 들이면 인간관계를 맺는 데 많은 도움이 된다.

🎯 옷을 잘 입는 습관 들이기

- 평소 백화점에 가서 전시된 옷을 잘 살펴본다.
- 옷을 잘 입는다는 것은 비싼 옷을 입는다는 의미가 아니다.
- 옷을 잘 입으면 좋은 이미지를 얻을 수 있다.
- 장소와 상황에 어울리는 옷을 입는다.
- 몸이 뚱뚱한 사람도 옷을 잘 입으면 날씬해 보인다.

자신의 브랜드 가치를 높이는
습관을 들이자

첫째, 자기 자신을 냉정하게 평가해보자

자신의 현재 가치를 정확하게 평가하자. 현재 무엇을 하고 있으며, 동료들과는 무엇이 다른지 말이다. 그리고 부족한 부분이 있다면 그 부분에 대해 투자하자. 외국어 능력, 컴퓨터 능력, 업무 지식, 학력 등 다양한 부문에서 욕심을 갖고 자신이 만족할 때까지 보충하려고 노력하자.

'나는 완벽하다. 더 이상 할 것이 없다'고 생각하는 사람은 많지 않다. 평가하는 방법은 1주일, 1개월, 1년 단위로 평가하자.

지난주에 무엇을 했는지, 현재 자신의 부족한 부분을 채우고 있는지 계속해서 평가하고 노력하는 길만이 당신의 몸값을 올릴 수 있다는 사실을 명심하자. 적절한 평가 없이는 당신의 브랜드 가치를 높일 수 없다.

둘째, 자신의 외모에 투자하자

당신의 외모는 당신만이 가지고 있는 소중한 브랜드이다. 당신과 똑같은 얼굴은 없다. 그러니 흔한 얼굴이 되어서는 안 된다. 그렇다고 성형수술을 하라는 것이 아니다. 남이 보아 매력적인 사람이 되기 위해 다각적인 노력이 필요하다.

멋있게 보이도록 화장도 하자. 남이 보기에 좋은 차림을 하자. 넥타이를 맬 때도 색깔이 중요하다. 당신의 능력과 관계없이 당신을 평가하는 것은 바로 외모라는 사실을 명심하자. 매력적인 사람으로 보이기 위해 끊임없이 외모에 투자해야 한다.

셋째, 약속을 잘 지키자

자신이 약속한 것에 대해서는 반드시 지키도록 하자. 약속은 곧 신용이다. 능력이 아무리 뛰어나도 주변 사람과 약속을 잘 지키지 못한다면 믿음이 깨진다는 사실을 명심하자. 하찮은 약속이라도 자신이 한 약속은 반드시 지켜야 한다.

넷째, 자신감을 갖자

자신감을 갖고 대화에 임해야 상대방이 당신을 신뢰하고 믿음을 줄 수 있다. 실패와 좌절감으로 힘없는 모습은 인간관계에서 결코 좋은 결실을 맺을 수 없다. 매사 자신감을 가지고 상대방을 대하면 상대방 역시 당신이 간혹 실패하는 일이 있더라도 끝까지 당신을 믿어준다.

자신감이 없는 사람은 항상 주변에 자신감이 없고 패배자만 몰린다는 사실을 명심하자. '나는 할 수 있다'라는 정신자세로 무장하자.

다섯째, 주변 사람들의 슬픈 일은 항상 챙긴다

좋은 일에는 가지 않아도 오해를 사지 않지만 슬픈 일은 반드시 챙겨야 한다. 슬플 때 찾아가면 상대방은 당신을 영원히 기억한다. 만약 가지 않으면 그 서운한 감정은 무덤까지도 기억할 정도이다.

당신을 어떤 식으로 상대방에게 기억시킬 것인가는 중요한 문제이다. 슬플 때 위로해주는 것을 잊지 말자. 밤새워 고통을 함께하면 당신은 영원한 파트너가 된다.

여섯째, 아침에 일찍 일어나자

성공한 사람들은 대부분 아침에 일찍 일어난다. 당신도 일찍 일어나는 것을 습관화하라. 일찍 일어나면 남보다 생각을 더 많이 하고 남보다 앞서 하루를 시작할 수 있다. 늦게 일어나면 그만큼 손해가 된다. 아침부터 준비하는 사람은 실패할 확률이 적다.

일곱째, 자신의 운을 예언하지 말자

성공하는 사람들은 대부분 자신이 스스로 개척한 것이지 절대 운이 좋아서 된 것은 아니라는 사실을 명심하자. '나는 운이 따라

주지 않아'라고 생각하는 순간 당신이 하는 일에 믿음을 주지 못할 수 있다.

최선을 다한 다음 운을 믿어야 한다. 일을 하기도 전에 운을 믿는다는 것은 실패할 확률이 높다. 처음부터 자신의 운을 예언하는 행위는 절대 하지 말자.

사람은 누구나
장점과 단점이 있는 법이다

사람은 누구나 장점과 단점을 갖고 있다. 물론 사람에 따라서 단점만 있는 경우도 있지만 가만히 살펴보면 상황에 따라서 단점이 있는 것이지 장점도 있게 마련이다.

사람이 단점이 있다고 하여 멀리한다면 사람과의 관계성에서 영원이 멀어지게 된다. 사회생활을 하다 보면 단점이 있는 사람을 만나 오히려 그것이 반대로 작용을 해서 큰 득을 보는 경우도 있다. 필자의 견해로 볼 때 사람을 너무 근시안적으로 판단해서는 안 된다는 의미이기도 하다. 이는 오랜 경험을 통해 터득했다.

《한비자韓非子》의 〈설림편設林篇〉에 노마지지老馬之智라는 말이 있다. 이는 늙은 말의 지혜라는 말로써 인간으로 되짚어 설명을 하자면 아무리 하찮은 인간이라도 따져보면 장점과 단점을 가지고 있다는 의미이다.

누구나 무시할 수 없는 게 인간이다. 그래서 인간은 존중을 해야 한다. 물론 존중이라는 의미는 인간 자체를 두고 말하지만 인간으로서의 행동이나 생각이 전혀 인간으로서의 가치에 미치지 못한다면 존경을 할 수 없다.

　제劑나라의 환공桓公이 관중管仲과 습붕隰朋과 함께 고죽국孤竹國을 정벌하고자 많은 수의 군사를 데리고 전쟁터에 나가고 있을 때였다. 한참 동안 군사를 데리고 가던 중 그만 길을 잃고 말았다.

　그러자 군사들이 우왕좌왕하기 시작했다. 어떡하든 길을 찾아서 진군을 계속해야 하는데 매우 난감한 상황에 봉착하게 된 것이다. 게다가 병사들은 추운 겨울에 들에서 노숙을 할 처지에 놓이게 되었다.

　바로 그 순간 관중이 환공에게 "늙은 말은 지혜가 있으니 그 지혜를 이용해야 할 것 같습니다"라고 하자, 별 다른 방법을 찾지 못한 터라 관중의 말대로 늙은 말을 몇 마리 풀어서 자유롭게 움직이게 했다.

　그러자 다른 말들이 노쇠한 말들을 따라 움직이기 시작했다. 잃어버린 길을 노쇠한 말들이 찾은 것이다. 모두들 놀라워하면서 기뻐 어쩔 줄 몰라 했다.

　그런데 진군을 계속하자 이번에는 물이 떨어져 병사들이 갈증으로 몹시 힘들어하는 것이 아닌가. 그러자 이번에는 습붕이 나서 "개미는 겨울에는 양지, 여름에는 음지 쪽에 사는 것이 습관화되었습니다. 개미둑을 한 치만 파헤치면 그곳에는 반드시 물이 있을 것입니다"라고 했다. 그러자 이번에도 역시 환공은 습붕의 말을 듣고 개미둑을 파자 물이 나왔다.

사람의 지혜는 매우 중요하다. 관중과 습붕은 그 지혜를 알고 있는 사람이다. 그러나 중요한 것은 아무리 하찮은 미물이라도 나름대로 장점이 있다는 것을 고사성어를 통해 알게 된 것이 무엇보다 중요하다.

인간도 마찬가지다. 나이가 들었다고, 그와 반대로 나이가 젊었다고 해서 문제가 있는 것이 아니고 그 나름대로 장점과 단점을 갖고 있는 것이다.

사람을 사귈 때도 마찬가지다. 너무 한쪽으로만 치우쳐 장점만 받아들이고 단점을 버리는 것은 인간관계에서 좋은 관계는 아니다. 상황에 따라서 단점을 가지고 있다고 판단되는 사람이 오히려 나중에는 더 큰 도움을 줄 수 있다는 사실을 명심하자.

중요한 것은 이런 습관을 길들이는 것이 무엇보다 중요하다. 즉, 사람을 판단하는 습관을 들이는 것이다. 과연 나는 어떤 유형의 습관을 갖고 있는지 한 번쯤 고민해 볼 필요가 있다.

당신은 융통성이 없는 사람인가

직장생활을 하다 보면 유독 융통성이 없는 사람이 있다. 물론 융통성이 없어 잘 지내는 사람도 많이 있다.

그러나 사회생활을 하다 보면 융통성이 없어 사람과의 관계성에서 힘든 경우를 겪는 사람들이 의외로 많다. 물론 융통성이 너무 많아 나중에는 그것으로 인해 큰 낭패를 보는 경우도 종종 있지만, 그래도 융통성이 없는 사람보다는 융통성이 있는 사람을 만나면 더 행복한 것은 사실이다.

특히 사업을 하는 비즈니스상에서는 융통성이 아주 중요하다. 앞과 뒤가 꽉 막혀있는 사람을 만나면 답답하기 그지없다. 따라서 혹 당신은 융통성이 없는 사람은 아닌지 한 번쯤 고민해 볼 필요가 있다.

사람의 습관을 바꾸는 것은 결코 쉽지 않다. 그러나 조금만 노력을 하면 사회생활을 하는 데 있어 불편하지 않을 수 있다.

생활하다 보면 늘상 불만 요인이 "그 친구는 모든 게 다 좋은데, 융통성이 없어 답답해 죽겠어"라는 말을 많이 듣는다. 부부 사이에서도 남편이나 부인 중 한 사람이 융통성이 없어 답답해하는 부부를 종종 만난다. 이들의 고통은 아주 심각하다.

물론 상황에 따라서는 융통성을 발휘하게 되면 업무에서 큰 낭패를 보는 경우도 있지만, 그래도 융통성이라고 하는 것은 매우 중요하다.

노나라에 융통성이 없고 너무도 고지식한 미생이라는 사람이 살았다고 한다. 그는 매사 융통성이라고 하는 것은 조금도 없어 항상 있는 그대로를 지키려고 하는 사람이었다고 한다.

물론 약속이나 신용을 지키는 것만큼이나 중요한 것은 없다. 그러나 지켜야 할 것과 지키지 말아야 할 것까지 모든 것을 지키는 것은 융통성이 없기에 가능한 일이다.

한번은 미생이 여자와 다리 밑에서 만나기로 약속을 하였다고 한다. 아마도 여자는 연인이었던 것 같다.

그는 신뢰를 위해 연인보다 앞서 다리 밑에서 기다렸다. 그러나 약속한 시간이 지나도 연인이 나타나지 않는 것이 아닌가. 그래도 계속해서 기다렸다고 한다.

문제는 기다리는 시간에 비가 엄청 내렸다. 그러나 그는 약속한 연인을 기다리겠다는 신념으로 비를 맞으면서 계속 기다렸다고 한다. 그러자 물이 다리 밑으로 서서히 차올라 급기야는 움직일 수 없는 위치까지 물이 차올랐다.

그러나 그는 전혀 움직이지 않고 계속해서 연인을 기다렸다고 한다. 점점 물이 불어나 이제는 더 이상 밖으로 나갈 수 없는 처지가 되어 그만 물에 떠내려가 죽고 말았다고 한다.

물론 사람이 이런 정도로 융통성이 없다면 사회생활하는데 불가능한 사람이 아닌가. 그러나 때로는 사람을 만나다 보면 아주 하찮은 일인데도 불구하고 고집을 부리는 사람을 종종 만난다. 그런데 그런 사람은 자신한테 문제가 있다는 사실을 잘 모르는 것이 더 큰 문제다.

융통성을 발휘한다는 것 자체는 습관이 몸에 배어 있지 않는 사람은 매우 힘들다. 평소 생활습관이 전혀 융통성이 없는 환경에서 자랐다면 더욱이 그렇다. 환경이 바뀌어도 늘상 해오던 방식대로 살았기 때문에 실로 융통성을 조금만 발휘하기가 쉽지 않다.

당신은 융통성이 없는 사람이라고 주변에서 이야기를 들었다면 한 번쯤 고민해 볼 필요가 있다. 자신의 융통성이 없는 습관으로 인해 주변이 얼마나 힘든지를 심도 있게 생각해 볼 필요가 있다.

따라서 당장 오늘부터 융통성 있게 생각하는 습관을 길들이자. 가장 좋은 방법은 지금 만나는 사람한테 무엇이 융통성이 없었는지 물어보고 그것부터 바꾸는 연습을 하자.

당신의 사소한 나쁜 습관을
알고 있는가

사람을 만나다 보면 사람을 겪어보지도 않고 괜스레 화가 나는 사람이 의외로 많이 있다. 문제는 그런 나쁜 습관을 가지고 있는 사람이 정작 자신은 모른다는 사실이다. 여러분도 많이 겪었을 것으로 본다.

예컨대 휴대폰으로 전화를 걸면 받지 않는다. 물론 평소 만나던 사람이다. 그런데 중요한 것은 일단 전화를 안 받는 것은 그런대로 이해를 한다. 왜냐하면 상대방이 바쁘기 때문이라고 생각을 하고 이해를 하기 때문이다.

그러나 더욱 큰 문제는 바쁜 상황이 끝났는데도 불구하고 전화가 걸려오지 않는다. 그리고 한참 시간이 지난 후 다시 걸면 "정말 죄송합니다. 깜빡했습니다"라고 하면서 미안함을 표시한다. 그래서 충분히 이해를 했다.

그런데 문제는 한참 시간이 지난 후 다시 전화를 걸면 받지 않는다. 그리고 이후 전화가 걸려오지 않는다.

아마도 이런 유형의 사람은 자신이 어떤 습관을 가지고 있는지를 잘 모르는 것 같다. 나이가 젊은 사람도 아니고 이미 중년이 접어들 나이인데도 불구하고 자신의 나쁜 습관을 버리지 못하는 것이다.

정말이지 이런 경우를 겪어본 사람은 그런 유형의 습관을 지닌 사람에 대해 보다 자세하게 겪어보기 전에 '아, 이 사람은 안 되겠구나. 도저히 불가능한 사람이네' 라고 단정을 해버린다. 상대방, 즉 전화를 받지 않거나 받았어도 나중에 전화를 한다고 해놓고 하지 않는 사람의 경우 도저히 어떤 일을 해도 불가능한 사람이다. 사회생활에 큰 지장을 초래할 수도 있다.

여러분 중에 혹이나 이런 나쁜 습관을 가지고 있다면 빨리 습관을 고쳐야 한다. 전화는 상대방을 몹시 화나게 만들 수도 있는 통신도구라는 사실을 명심해야 한다. 어떤 일이 있어도 전화가 걸려온 것에 대해 전화를 받을 수 없는 피치 못할 상황을 제외하고는 반드시 응답을 해주는 습관을 길들여야 한다.

사람들은 자신의 나쁜 습관을 잊어버리거나 아예 무시해 버리는 사람도 많이 있다. 당신은 오늘 가만히 생각을 해보라. 오늘 자신한테 걸려온 전화를 받지 않았거나 다시 전화를 해야 할 상황임에도 불구하고 전화를 하지 않는 것이 있다면 다시 한 번 생각을 해보라.

그러나 상황에 따라서 전화를 거절하는 경우도 있다. 아예 처음부터 전화를 받지 말아야 하는 경우도 있다. 특히나 아무 일도 아닌 것을 가지고 자주 전화를 하는 습관이 있다.

이런 경우는 종전의 사람과는 전혀 다른 습관을 가지고 있다. 심심하면 전화를 거는 습관이다. 전혀 중요하지도 않은데 그저 습관적으로 전화를 거는 사람도 많이 있다. 아주 나쁜 습관 중 하나는 바로 이런 유형의 사람이 아닌가 싶다.

사람의 감정은 말에 의해서 발생하는 경우가 대부분이다. 말 한마디 잘못해서 평생 원수되는 경우도 있다. 말 한마디 무시했다고 사람을 칼로 찔러 죽이는 경우도 종종 본다. 모든 것이 사람의 말로 인해 화를 입는다. 그만큼 사람의 입에서 나오는 말은 중요하다. 이런 중요한 말을 상대방이 무시해서 전화를 받지 않는 경우를 상상해 보라. 실로 엄청나게 기분이 나쁘다.

매일 습관을 들여라. 혹이나 시간이 지나서 전화가 왔는데도 불구하고 다시 전화를 걸지 않았는지, 혹이나 걸려온 전화를 받지는 않았는지를 점검하는 것이다. 왜냐하면 사람들은 전화에 대해 무척이나 신경을 쓰고 있기 때문이다.

당신의 사소한 습관이 인간관계를 망쳐버릴 수 있다는 사실을 명심하라. 문자든 카톡이든 마찬가지다. 사람의 커뮤니케이션 활동에 방해가 되는 행동이나 무관심한 사람은 아주 나쁜 습관을 몸에 지니고 다니는 사람이다.

사람을 차별하는 습관

사람을 만나다 보면 늘상 말투나 표정에서 의식적이든 무의식적이든 사람을 차별하는 습관을 몸에 지닌 사람이 있다. 그러나 정작 본인은 절대 자신의 나쁜 습관이 무엇인지를 알지 못한다.

그런 사람은 자신이 만났던 사람에 대해 "흠, 별것 아닌 사람이……"라고 하면서 주위 사람들에게 무시하는 투의 말을 자주 한다. 투정대거나 말을 비꼬아 말하기도 하면서 표정으로 상대방을 무시하기도 한다. 매우 위험한 나쁜 습관을 몸에 지닌 것이다.

우리는 이런 유형의 사람들을 종종 만나게 된다. 사실 남을 험담하거나 안 좋은 이야기를 할 때 당사자 앞에서 정작 "당신 왜 그래? 다른 사람을 욕하는 이유가 뭐야?"라고 말을 할 수 없다.

《진서晉書》의 〈완적전阮籍傳〉에 나오는 백안시白眼視라는 말에 얽힌 이야기에 따르면, 위나라 때 노장老莊철학에 심취하여 밖에 나오지 않으면서 대나무 숲에 은거하는 죽림칠현竹林七賢 중에 완적阮籍이라는 이름을 가진 사람이 있었다.

그는 사람을 만나게 되면 본인의 눈 동작을 달리하는 것으로 널리 알려진 사람이다. 한번은 그가 모친상을 당해 장례가 치러지는 동안 주변의 사람들이 그의 모친의 장례식장에 들렀다고 한다.

그는 자신을 찾아오는 사람들에 대해 까만 눈동자와 흰 눈동자로 자신의 감정을 드러내었다고 한다. 물론 이런 동작으로 접대를 받은 사람은 당연히 기분이 몹시 나빴다. 세속적인 선비, 즉 무시해도 될 만하다고 생각하는 선비의 경우에는 흰 눈동자로 맞이하고, 보다 학식이 있어 고매하다고 생각되는 선비는 까만 눈동자로 맞이하였다고 한다.

대나무 숲에 거주하는 죽림칠현 중 혜강嵇康의 동생 혜희嵇喜가 장례식장에 찾아오자 그는 흰 눈동자로 쎄려보는 식으로 대하고, 다음에 오는 혜강이 술과 거문고를 들고 문상을 오자 이번에는 까만 눈동자로 반갑게 맞이하였다.

이런 태도에 대해 주변 사람들은 몹시 불쾌해 하였다고 한다. 백안시라고 하는 것은 사람을 제대로 대접하지 못한다는 의미로 받아들인다.

사람과의 관계성에서 차별을 하는 것보다 더 기분 나쁜 것은 없다. 일단 차별을 받았다고 느끼면 두 번 다시 상대방을 만나지 않으려고 할 뿐만 아니라 자칫 싸움으로 이어질 수 있다.

따라서 사람을 대하는 데는 정성을 다하지는 못하더라도 무시한다는 이미지를 심어줘서는 절대 안 된다. 사람들이 가장 기분 나빠 하는 것이 차별을 받았다고 생각할 때라는 사실을 알아야 한다.

식당에서 줄을 서서 기다릴 때 누군가 나를 제치고 먼저 앞서 식당의 메뉴가 나오게 되면 몹시 기분 나쁘다. 이는 바로 차별을 받았기에 기분이 나쁜 것이다. 따라서 가능한 한 차별이 있다는 이미지를 상대방에게 심어줘서는 안 된다.

예의를 갖추면
주변에 사람이 몰린다

아무리 능력이 뛰어나고 실력이 우수해도 예의에 어긋난 행동을 하면 주변 사람들에게 외면당할 수 있다. 사람들은 능력이 다소 떨어지는 것은 용서해도 건방지거나 예의에 어긋나면 용서하지 않는다.

공자는 '극기복례위인克己復禮爲仁', 즉 '자기를 극복하고 예를 회복하는 것이 곧 인'이라고 했다. 즉, 자기를 억제하고 예의를 갖추라는 뜻이다.

감정을 쉽게 노출하고 감정의 기복이 심한 사람은 예의를 지킬 수 없다. 상대방의 감정을 헤아려 배려하는 인내심이 없으면 예의를 갖추기가 어렵다. 특히 CEO처럼 지위가 높은 사람이 예의를 갖추어 상대방을 대한다면 오히려 높은 평가를 받을 수 있다.

지인 중에 한 사람은 자신보다 위치가 높거나 낮거나 상관없이 똑같이 사람을 대한다. 아무리 나이가 어린 사람이라도 말을 함부로 하지 않으며, 주변의 사람들을 먼저 배려한다.

한번은 그가 주최한 모임에 목발을 짚고 다니는 사람이 참석하러 왔다. 그런데 객석이 모두 차서 남는 좌석이 하나도 없었다.

그러자 그는 맨 앞에 있는 자기 자리에서 벌떡 일어나더니 직접 장애인을 자리에 앉게 했다. 그리고 아무 일도 없었다는 듯이 서 있다가 순서가 되자 단상에 올라가 마이크를 잡았다. 주최자가 서 있는 경우는 거의 드물어서, 주변에서 자리를 양보했지만 끝내 자리에 앉지 않고 서서 모임을 마쳤다.

사람을 만날 때는 예의를 갖추고 있는지 생각하면서 행동하고 이야기를 이어나가야 한다. 공자는 '불환인지불기지 환부지인야不患人之不己知 患不知人也'라고 했는데, '남이 나를 알아주지 않는 것을 걱정하지 말고 내가 남을 못 알아보는 것을 걱정하라'는 뜻이다.

사람들은 남이 자신을 알아주지 않는 것을 몹시 불쾌해하는 경우가 많다. 그러나 예의가 있는 사람이라면 자신이 먼저 남을 알아봐준다.

사람들은 상대방이 예의가 있는지 없는지 단숨에 파악한다. 예의에 어긋나는 사람은 주변 사람들에게 배척당하며, 주변 사람들로부터 항상 칭찬을 듣는 사람은 능력보다는 예의가 출중하여 좋은 평을 받는 경우가 많다.

또한 제갈공명은 전쟁에 임하는 장수들에게 겸손함을 강조했다. 전쟁에서 승리하여 자만심에 빠져 부하나 적에게 오히려 당할 수 있기 때문이다. 《장계將誡》에서 '오만하지 않아야 다른 사람을 제압할 수 있고, 교만하지 않아야 위엄을 세울 수 있다'고 강조한 것만 보아도 얼마나 겸손함을 중요하게 여겼는지 알 수 있다.

중앙경제평론사 Joongang Economy Publishing Co.
중앙생활사 | 중앙에듀북스 Joongang Life Publishing Co./Joongang Edubooks Publishing Co.

중앙경제평론사는 오늘보다 나은 내일을 창조한다는 신념 아래 설립된 경제 · 경영서 전문 출판사로서
성공을 꿈꾸는 직장인, 경영인에게 전문지식과 자기계발의 지혜를 주는 책을 발간하고 있습니다.

사소한 습관이 나를 바꾼다 〈최신 개정증보판〉

초판 1쇄 발행 | 2006년 1월 6일
초판 6쇄 발행 | 2008년 12월 15일
개정초판 1쇄 발행 | 2013년 3월 12일
개정초판 3쇄 발행 | 2014년 3월 20일
개정증보판 1쇄 인쇄 | 2023년 6월 15일
개정증보판 1쇄 발행 | 2023년 6월 20일

지은이 | 김근종(Keunjong Kim) · 박형순(HyungSoon Park)
펴낸이 | 최점옥(JeomOg Choi)
펴낸곳 | 중앙경제평론사(Joongang Economy Publishing Co.)

대　　표 | 김용주
책임편집 | 한옥수
본문디자인 | 박근영

출력 | 영신사　종이 | 한솔PNS　인쇄 · 제본 | 영신사

잘못된 책은 구입한 서점에서 교환해드립니다.
가격은 표지 뒷면에 있습니다.

ISBN 978-89-6054-316-4(03320)

─────────────────────────────

등록 | 1991년 4월 10일 제2-1153호
주소 | ⊕ 04590 서울시 중구 다산로20길 5(신당4동 340-128) 중앙빌딩
전화 | (02)2253-4463(代)　팩스 | (02)2253-7988
홈페이지 | www.japub.co.kr　블로그 | http://blog.naver.com/japub
네이버 스마트스토어 | https://smartstore.naver.com/jaub　이메일 | japub@naver.com
♣ 중앙경제평론사는 중앙생활사 · 중앙에듀북스와 자매회사입니다.

도서 주문	www.**japub**.co.kr	https://smartstore.naver.com/jaub
	전화주문 : 02) 2253 - 4463	네이버 스마트스토어

중앙경제평론사/중앙생활사/중앙에듀북스에서는 여러분의 소중한 원고를 기다리고 있습니다. 원고 투고는 이메일을
이용해주세요. 최선을 다해 독자들에게 사랑받는 양서로 만들어드리겠습니다. **이메일** | japub@naver.com